—— 周禮 主編　彭忠富、沈岳明、程應峰 編著 ——

努力帶來機會，機會扭轉命運！
專注於真正重要的事情，
讓每個選擇都為未來鋪路

要努力
但不要
急功近利

沒有一蹴而就的輝煌，只有日積月累的努力
腳踏實地的每一步，都是邁向成功的基石
耐心深耕，夢想才會開花結果

目錄

第一輯　成功屬於努力的人 …………………… 005

第二輯　再深的黑夜也終將迎來黎明 ………… 031

第三輯　找出問題，面對問題，解決問題 …… 061

第四輯　暴雨後的彩虹最美麗 ………………… 089

第五輯　別急，先了解自己再出發 …………… 117

第六輯　從容淡定，好心態才有好人生 ……… 145

第七輯　烏雲無法永遠遮住陽光 ……………… 171

第八輯　別羨慕，一切都是有備而來 ………… 197

目錄

第一輯
成功屬於努力的人

本輯編者　彭忠富

機遇就像泥鰍，不抓住就會溜掉。

機遇也總是垂青有準備的人，帕格尼尼（Niccolò Paganini）的炒作有個前提，那就是他已經具備了這樣的本領，只是在一個偶然的時機，如火山爆發般把自己的才情宣洩了出來而已。

第一輯　成功屬於努力的人

成功不會辜負努力奮鬥的人

著名化學家曾昭掄是晚清名臣曾國藩的姪孫，他 1920 年赴美留學，學成歸國後一直在各大學當教授，堪稱桃李滿天下。當時民國學人，因為受到五四運動思潮的影響，眼見國家積貧積弱，都渴望能為國為民做一番事業。要想有番成就，就不能人云亦云。特立獨行應該是學者的基本要求，學術上是這樣，生活上也是這樣，曾昭掄先生就是其中之一。

曾昭掄作為教授，在學術上要求極為嚴格。他曾經站在紅樓前，和電線桿又說又笑地談論化學上的新發現，讓過往行人無不駭然；一次，他帶著雨傘外出，天降暴雨，他衣服全溼透了，卻仍然提著傘走路；在家裡吃晚飯，他心不在焉，居然拿著煤鏟到電鍋添飯，直到他夫人發現他飯碗裡有煤渣；他忙於工作，很少回家，有一次回到家裡，保母甚至不知道他是主人，把他當客人招待，見他到了晚上還不走，覺得奇怪極了。後世的人評價說：「大學裡做實驗、做研究的風氣，至少在化學這門學科裡，可以說是從曾公開始的。」

曾昭掄在學術上精益求精，但是生活上卻不修邊幅，這一點跟某些教授成天西裝革履成為鮮明對比。據他的學生回憶，1943 年，他所見到的曾先生，藍布大褂總是破破爛爛，鬍子不刮，頭髮亂糟糟的，還穿著一雙破布鞋，「脫下來，襪子底永遠破個洞！」而校舍是在墓地中開闢的，泥土鬆軟，下雨時到

處是爛路。穿布鞋的曾昭掄可就遭了殃，一雙布鞋穿不到一個雨季就壞了，他又捨不得買新的，鞋子前後開口，走起路來踢踢踏踏的。學生見了都覺得不可思議，覺得這哪裡是個教授的樣子，可是曾昭掄的博學卻又讓學生佩服。曾昭掄在化學、算學、物理學、地質、文學、音樂、美術、軍事學、國際關係……幾乎在一切領域，都顯示出超人的學識和智慧，真正是「人類的一切我都不陌生」。

曾昭掄不修邊幅是有歷史淵源的。他回國後出任大學化學系主任，當時校長專門召集各系主任開會，以便互相認識，討論工作。曾昭掄來是來了，可仍然是那副蓬頭垢面的樣子。校長見了就問他是哪個系的，曾昭掄答是化學系的。校長以為化學系派了個收發室的來應付，就朝著曾昭掄揮揮手說：「去把你們系主任找來開會。」曾昭掄也不答話，回宿舍後，他捲起鋪蓋立刻離開了那所大學，很快去另一所大學化學系做了系主任。

有位學者曾說：「曾昭掄把一生的精力放在化學裡，沒有這樣的人在那裡拚命，一個學科是不可能出來的。現在的學者，當個教授好像很容易，他已經不是為了一個學科在那裡拚命了，他並不一定清楚這個學科追求的是什麼，不一定會覺得這個學科比自己穿的鞋還重要。」魯迅先生說：「哪裡有什麼天才，我是把別人喝咖啡的時間都用在了寫作上。」同理，曾昭掄先生也是如此，他把別人梳妝打扮、吃喝應酬的時間都用在了化學研究上，朝著一個方向堅持努力，想不成功都難。

第一輯　成功屬於努力的人

成功總是青睞有準備的人

有一個天才小提琴家，不但擅長演奏，更擅長作曲。才華橫溢的他，為了能夠在演奏時更突顯自己超人的技巧，常常創作出讓世人驚嘆的超高難度傑作！也因為如此，每一次他的新曲發表會，總是萬人空巷，一票難求。

這一次，他一年一度的獨奏會，又在國家級的演奏廳揭開了序幕，所有臺下的樂迷都很期待小提琴家究竟會奏出什麼樣的精靈樂章來衝擊大家的聽覺。果然，小提琴家充滿自信地拉下琴弓，不負眾望地奏出了他最新創作的樂曲。

演奏到了曲子的高潮處，在一段高低音轉換劇烈的章節，小提琴家的一根琴弦竟然應聲而斷！全場的觀眾看到這一幕，無不譁然，數千雙眼睛都盯著臺上，大家都很好奇小提琴家會怎樣處理這般尷尬的場面。只見小提琴家不慌不忙地微微一笑，稍稍整理了一下所剩的三根弦，又從音樂中斷處繼續演奏。

所有的聽眾都很訝異小提琴家究竟使了什麼魔法，為什麼斷了一根弦後的演奏仍然聽不出絲毫破綻，甚至音色比斷絃前還要嘹亮？偉大的藝術家總是喜歡給自己出難題。過了一會，又有一根琴弦斷了！這一回，所有的觀眾都鴉雀無聲，他們認為演奏應該要結束了；沒想到，小提琴家又理了理剩下的兩根弦，彷彿什麼也沒發生一般繼續演奏。眼見臺上的巨星運用奇蹟般的技巧度過了兩次難關，臺下的觀眾立刻響起如雷般的掌聲！

成功總是青睞有準備的人

就在掌聲稍歇，樂曲進入到最終篇章時，上天像是在捉弄人似的，小提琴家又在眾目睽睽下，拉斷了今天的第三根弦！四根弦被拉斷了其中的三根，臺下的觀眾每個人都站起來向小提琴家致意，認為今天實在太精采了，雖然發生了幾次斷弦的意外，可是能堅持到此，已經可以說是非常偉大的表演。

就在大家都認為演奏會已經結束的這一刻，小提琴家沉思了幾秒鐘，望著自己只剩下一根琴弦的小提琴，揚起了琴弓，用僅剩的一根弦將曲子拉完！在最後一個音符結束的一瞬間，小提琴家振奮地在臺上大喊：「一根弦的帕格尼尼！」臺下觀眾掌聲雷動，演出獲得巨大成功。

眾所周知，小提琴有四根弦，每根弦都代表著不同的音色和音域。在一首完整的樂曲中，每根弦都會發生作用，不要說缺三根弦，就是缺一根弦，一首樂曲也完成不了。在音樂會上，這當然是個意外，換把小提琴重新開始演奏就行了，觀眾會諒解的。

但是帕格尼尼沒有這樣做，因為他是十八世紀義大利最偉大的小提琴家。他是個音樂天才，既會演奏又會作曲。用兩根弦甚至一根弦，他都能奏出一曲曲美妙的音樂來。這一場奇蹟般的表演，被許多樂評家稱作史上最偉大的一次小提琴演奏。

我覺得，這是帕格尼尼一次精心的炒作，他利用一次意外把自己會用兩根弦甚至一根弦演奏小提琴的本領公開化了，而且是演奏自己創作的樂曲。對於其他的小提琴家來說，這是望

第一輯　成功屬於努力的人

塵莫及的，從而奠定了他小提琴大師的卓越聲望。

機遇就像泥鰍，不抓住就會溜掉。機遇也總是垂青有準備的人，帕格尼尼的炒作有個前提，那就是他已經具備了這樣的本領，只是在一個偶然的時機，如火山爆發般把自己的才情宣洩了出來而已。

尋找適合自己的路

藝人張曼玉的成功人盡皆知，她在整個華人圈都是婦孺皆知的名角。而過去，在成長的道路上，她卻曾經為她錯誤的堅持付出過不少代價。剛進入演藝圈的時候，她還是個少女。那時，她只想在銀幕上打扮漂亮，只願意演嫵媚動人的少女。演了幾部電影後，卻沒有得到預期的效果，觀眾不認可她的嫵媚，不認可她演美貌少女時的表演。

這時候，有圈中人勸她，以她的形象、她的演技，應該有更大的發揮餘地。如果不是總演少女，也會取得成功。這個建議本來很中肯，可那時，張曼玉很相信自己的演技，也相信自己的相貌，相信自己的青春。於是，她固執己見，繼續演少女。這樣又演了幾部戲，結果還是沒有取得預期的成功，因為票房就能說明一切，張曼玉的名號並沒有太多的號召力。

屢遭挫折之後，她終於放棄了那些毫無意義的堅持，決定改變戲路。於是，一個接一個的新角色出現了。從《新龍門客

棧》裡的老闆娘,到《宋家皇朝》裡的宋慶齡;從《家有囍事》裡的新娘子,到《甜蜜蜜》裡的打工妹;從《濟公》裡的放蕩妓女,到《青蛇》裡的可愛青蛇⋯⋯她角色多變,戲路寬廣,演技出色。張曼玉終於成功了,成為家喻戶曉的明星,具有極高的票房號召力。

出演這些角色,為張曼玉帶來了極大的聲譽,她連續四次榮獲香港金像獎最佳女演員獎。她獲得了巨大的成功,而這些成功,當然歸功於她及時放棄了無意義的堅持。

人們常說「堅持就是勝利」,可是當我們明知道堅持下去沒有好結果,那麼還不如放棄固有的堅持,嘗試著做些改變,說不定就會峰迴路轉,成就另一番事業。有一位哲人說道:「我不會抓緊任何我擁有的東西!當我抓緊什麼東西時,我很可能會失去它。如果我抓緊愛,我也許就完全沒有愛;如果我抓緊金錢,它便毫無價值。想要體驗擁有任何東西的唯一方法,就是將它放掉。」

如果你能領悟放下的道理,你就會有一種如釋重負的感覺。因為只有懂得放下,才能把握當下。更何況,人生在世不如意者十之八九,如果我們不能及時拋開那些不必要的東西,那麼我們背負的「人生行囊」就會越來越重,最終吞噬掉我們的青春、我們的事業,讓我們一輩子都碌碌無為。

一個人拿得起是一種勇氣,放得下是一種智慧。什麼時候學會放棄,什麼時候便開始了成熟。我們都要學會放棄,放棄

第一輯　成功屬於努力的人

失戀帶來的痛楚，放棄屈辱留下的仇恨，放棄心中所有難言的負荷，放棄耗費精力的爭吵，放棄沒完沒了的解釋，放棄權力的角逐，放棄對金錢的貪婪，放棄對虛名的爭奪⋯⋯凡是次要的、枝節的和多餘的，該放棄的時候都要放棄。

人生要經營才完美

　　人生唯有經營，才會走向完美。從謀劃在博浪沙行刺秦始皇開始，張良的聲名就廣為大家所知。雖然行動沒有成功，但是卻奠定了這之後張良在反秦義士中的江湖地位。單槍匹馬，想要解決國仇家恨，那是不可能的。作為一介書生，張良不可能振臂一呼，挑起反秦的大旗，因此依附在某個軍事集團做幕僚，借力打力來實現自己的政治目標，就成了張良的最佳選擇。

　　「運籌帷幄之中，決勝千里之外。」這是漢高祖劉邦對留侯張良的評價。如果沒有張良的出謀劃策，在楚漢相爭中，還不一定鹿死誰手呢？從鴻門宴，嶢關、藍田之戰到明修棧道暗度陳倉，這些讓人叫絕的謀劃，哪一樁沒有張良的貢獻呢？兩個軍事集團之間的競爭，歸根結柢還是人才的競爭。劉邦善於識人用人，因此才得以在秦朝末年的大爭之世中脫穎而出，以弱勝強，最終擊敗有勇無謀的楚霸王項羽，成為西漢的開國君主。張良先幫著劉邦與秦朝鬥；幫著劉邦與項羽鬥；又幫著劉邦、呂后與功臣鬥；同時還要留一份心思與劉邦、呂后鬥。張

良在爭鬥中,將自己的畢生所學發揮得淋漓盡致,從而成就了劉邦,也成就了自己。

張良作為智慧的化身、歷代謀士的典範,最讓人嘆服的就是功成名就後卻能全身而退,這在鳥盡弓藏的西漢初期簡直是不可想像的。張良之所以能做到這一點,關鍵就在於得到了黃石公贈予的《素書》。《素書》是以道家思想為宗旨,集儒、法、兵的思想發揮道的作用及功能,同時以道、德、仁、義、禮為立身治國的根本,揆度宇宙萬物自然運化的理數,以此理解事物、對應事物、處理事物的智慧之作。《素書》不僅是一部修身處事的格言集,而且是一部治國統軍的政論書。半部《論語》治天下,一部《素書》得天下,這就是張良得以功成名就的原因。張良及其事蹟,可謂家喻戶曉,甚至被神話為白雲祖師,位列仙班,然而關於張良和《素書》之間的前因後果,知道的人就不多了。

博浪沙行刺秦始皇未遂後,為避禍,張良隱居在下邳。一天,張良閒步沂水圯橋頭,遇一穿著粗布短袍的老翁,故意把鞋脫落橋下,然後讓張良撿上來替他穿上。張良儘管不滿,但仍然照做了,老人讚嘆道:「孺子可教也。」並約張良五日後凌晨再到橋頭相會。五天後,雞鳴時分,張良急匆匆地趕到橋上,結果晚老人一步。老人憤憤地斥責道:「與老人約,為何誤時,五日後再來!」第三次,張良索性半夜就到橋上等候。他經受住了考驗,其至誠和隱忍精神感動了老者,老者於是送給他

> 第一輯　成功屬於努力的人

一本書，這就是傳說中的《素書》，贈書者就是黃石公。從此，張良日夜研習《素書》，終於成為一個深明韜略、文武兼備、足智多謀的「智囊」。

一部《素書》改變了張良的人生軌跡，這是知識改變命運的典型案例。而最為關鍵的是，張良沒有死讀書，而是將《素書》的理論跟自己的人生際遇結合起來，活學活用，經營自己的人生。人生得意之時，不忘失意之日。這一點，縱觀古今中外，又有多少功成名就者能夠做到張良這樣呢？

做個有心人，才能抓住機遇

義大利著名男高音歌唱家帕華洛帝（Luciano Pavarotti）在成名前經常做巡演。有一天夜晚，他在一間小旅館裡正準備就寢，隔壁卻傳來小孩的哭鬧聲，一哭就是三四個小時，攪得他不勝其煩。

想到第二天還要趕場，帕華洛帝非常生氣，準備去隔壁房間提醒一下。可是他走到隔壁房間門口，抬起手正要敲門時，卻停住了。剎那間，他忽然想道：「奇怪，我平常唱歌一個小時就筋疲力盡了，怎麼這個嬰兒哭了這麼久還中氣十足呢？」

於是他仔細揣摩這個嬰兒的哭聲，他驚訝地發現：原來嬰兒哭時不單是用丹田發聲，還會在他們快破聲時把聲音拉回

來,所以才能連哭許久不間斷。而這一點竅門,不仔細聽根本聽不出來。呼吸是歌唱中的重要技巧,經過不斷練習,帕華洛帝掌握了這種嬰兒般的循環呼吸法,一躍而成為國際知名的歌唱家。

十六歲那年秋天,齊白石跟著師傅幹活回來,在鄉里的田壟上,遠遠看見三個木匠走過來,齊白石並不在意,因為不過是同行。然而走到身邊時,師傅卻垂下雙手,側著身體,站在旁邊,滿臉堆笑問他們好。那三個人卻傲慢得很,寒暄兩句就頭也不回地走了。齊白石非常詫異地問道:「人家是木匠,我們也是木匠,師傅憑什麼對他們那樣恭敬呢?」師傅拉長臉說:「小孩子不懂得規矩!我們是大器作,做的是粗活。他們是小器作,做的是細活。他們能做精緻小巧的東西,還會雕花,這種手藝,不是聰明人,一輩子也學不成。我們大器作的人,怎麼能跟他們平起平坐呢?」

齊白石聽了,很不服氣,他們是人,自己也是人,哪有學不會的。於是他就離開了原來的師傅,跟著雕花匠周師傅去學小器作了。周師傅的雕花手藝,在白石鋪一帶非常有名,他用平刀法,擅長雕刻人物。師徒二人非常投緣,周師傅把齊白石簡直當成親兒子一般看待,把平生本事都傳授給他。學會平刀法後,齊白石又思索著改進了圓刀法,技藝日漸精湛,一些鄉紳婚喪嫁娶要做木器,都主動邀請齊白石去做。有一次齊白石無意中在一個主顧家裡見到了一本殘缺的《芥子園畫譜》,心

第一輯　成功屬於努力的人

中大喜。因為畫譜是一本理論書籍，雖是殘缺不全，但是從作畫的第一筆畫教起，直到畫成全幅，逐步指點，非常實用。齊白石仔細看了一遍，才覺得以前畫的東西，實在要不得。畫人物，不是頭大了，就是腳長了；畫花卉，不是花肥了，就是葉瘦了，反正都有小毛病。

齊白石就跟主顧借了這本畫譜，買了些薄竹紙和顏料、毛筆，在晚上收工回家的時候，以松油柴火為燈，一幅一幅地勾影。足足花了半年，把這本殘缺的《芥子園畫譜》都勾影完了，釘成了十六本。從此，齊白石跟畫畫算是正式結緣，展開了由木匠到國畫大師的起點。

如果帕華洛帝對嬰兒的哭聲充耳不聞，如果齊白石一輩子做木匠粗活，從未接觸到《芥子園畫譜》，我想他們都不會成為行內的佼佼者，從而改變自己的命運。人生機會很多，但是機會卻不是那麼容易把握，總是稍縱即逝。如果我們都能像大師們那樣抓住機會，刻苦鑽研，相信你也會取得不俗的成就。

機會就躺在你的腳邊

離婚之後，52歲的卡蘿沒有工作，沒有收入，還背負著因為不動產投資失敗而帶來的高達100萬美元的債務。卡蘿的律師勸她去看心理醫生，或者養條狗。對方這句充滿同情和憐憫的忠告給了卡蘿一點提示。「我的生活需要愛和微笑。」卡蘿告

訴自己,「養條狗能滿足我的這兩個要求,而且還不會帶來任何保險麻煩,更不會成為我身邊的定時炸彈。」

卡蘿一直都喜歡鬥牛犬,當她聽說一條名叫薩爾達的四個月大的小狗因為主人對養狗失去興趣而想將牠送人的時候,她立刻跑去看牠了。「剛進門,我一眼就看到牠,立刻有種一見如故的感覺,牠就是我的翻版。牠需要愛,我也需要愛。」卡蘿說。

然而,此時此刻,卡蘿更需要的是為自己的新伴侶找到充足而且穩定的食物來源。帶著這一目標,卡蘿決定參加由當地一家寵物商店舉辦的一年一度的聖誕卡片大賽。大賽的獎品就是每個月都將獲得寵物商店提供的40磅狗糧,為期一年。卡蘿將一頂聖誕帽戴到了狗頭上,又幫牠洗了個泡泡澡,還用肥皂泡做了一圈假鬍子。卡蘿將薩爾達的照片寄了出去,還配上了文字說明:

「今年聖誕節,我用丈夫換了條狗……不賴的交易,不是嗎?」最後,卡蘿真的贏了比賽。

那一年,卡蘿把這張獲獎照片印在了節日卡片上,送給了自己的朋友們。和卡蘿一樣,大家都對這隻小狗一見鍾情,都喜歡上了牠那古怪而若有所思的樣子。「喔,上帝啊,我們每個人心裡都有個薩爾達。」卡蘿突然意識到。卡蘿從節日卡片取得的成功中獲得了靈感,何不就用薩爾達做模特兒,製作一些問候卡片謀利呢?卡蘿走訪了幾家卡片商店,想看看有沒有類似

第一輯　成功屬於努力的人

的競爭對手。結果,她根本就沒看到類似卡片。「還沒有人用活生生的小狗當模特兒,幫牠取名字,然後圍繞牠設計卡片。我看到了一個機遇,這個機會有些另類,也需要勇氣。」背負著七位數債務的卡蘿一無所有。

卡蘿曾經是一家廣告公司的創意總監,直覺使她能夠看到一個模特兒的潛質。毫無疑問,薩爾達就是一個這樣的模特兒。卡蘿打電話給她認識的最好的職業攝影師,請他來拍一些試用的毛片。卡蘿又說服了一位印刷商,對方答應給她90天時間讓其製作第一批樣品卡片。每張卡片上的薩爾達都極盡滑稽之能事,窘態百出,而且還配有一句簡單的問候語。譬如說:「祝你每時每刻都美好。」卡蘿將薩爾達那古怪而滑稽的特質演繹得淋漓盡致。沒過多久,霍曼公司就注意到了這些稀奇古怪的卡片。就這樣,一個女人由絕望孕育出來的奇思妙想,最終演變成了一系列問候卡片、禮品、服裝、珠寶首飾和勵志書籍,銷往全世界。現在,薩爾達已經是一隻十幾歲的老狗,但同時也是經驗老到的首席明星模特兒,帶給卡蘿源源不斷的收入。

卡蘿用卡片和薩爾達為載體,充分地展示出了自己的智慧,讓自己的生活發生了翻天覆地的變化。卡蘿說:「有時候,機會就躺在你的腳邊,就像薩爾達。你必須了解自己是誰,以及你的喜好,然後就跟隨自己的直覺走。」

機遇來臨前做好準備

1961年8月4日,他出生在夏威夷。母親是一個美國人,而父親來自肯亞。他是個異類,他就是美國歷史上第一位黑人總統,歐巴馬。

從10歲起,歐巴馬基本是在外祖父母的關懷下長大的。沒有父母的關愛,讓他的心靈倍感孤獨和壓抑。一直到哥倫比亞大學畢業,歐巴馬也不知道哪裡是他的家園,這輩子究竟應該怎樣度過。

在芝加哥南部的黑人社區,為了區區3萬美元的年薪,歐巴馬選擇了為社區服務。為了實現更高的理想,1988年8月底,27歲的歐巴馬離開他工作了3年之久的芝加哥,來到了久負盛名的哈佛法學院,攻讀3年制的博士學位。

即使排名比較靠後的哈佛法學院的學生,也大多能在畢業後找到年薪16萬美元以上的律師類工作。歐巴馬3年前的3萬美元年薪與之相比,自然是天壤之別。天資聰穎的歐巴馬在哈佛法學院如魚得水,很快就在這群法律菁英中嶄露頭角,先後當上了《哈佛律法學評論》(*Harvard Law Review*)的編輯和主編,為他以後從政打下了堅實的基礎。

《哈佛法律評論》是哈佛法學院最古老、最有分量的刊物,能做這本刊物的編輯,是每個哈佛法學院學子的夢想。可是歐巴馬剛開始對當編輯並不感興趣,他只想從哈佛畢業後,帶著

第一輯　成功屬於努力的人

那個金字招牌和新認識的菁英朋友，再回芝加哥，在政界施展拳腳。

1989年，學期還沒有結束之前，同學們就在談論競選《哈佛法律評論》編輯一事。歐巴馬的同窗好友與他有過一番談話：「巴瑞（Barry），」朋友們喜歡這樣稱呼歐巴馬，「你有沒有想過競爭《哈佛法律評論》的編輯？」

「沒有。我只是想畢業後回芝加哥，當編輯好像對我沒有什麼幫助。再說，做編輯很辛苦的，而且競爭也很激烈。」歐巴馬不以為然地說。

「不過編輯這個頭銜是個榮譽。一個表明自己優秀的象徵。所有有實力的同學都把這個看得很重，如果錯失一次良機，可是代價很大，很難彌補的。」朋友規勸道。

一席話驚醒夢中人，可是歐巴馬還在猶豫不決，直到截止日期快到的最後幾天，他才意識到那個職位對於他的真正意義。那是個證明自己能力，同時磨練自己，打開一個更大社交圈的機會。那種付出值得！於是，歐巴馬花了不少時間來準備相關的申請資料，直到報名截止那天上午他終於弄好。

規定要求是在下午一點鐘之前，以郵戳為憑，寄出的申請才算有效。等歐巴馬趕到郵局時，已經是下午，快過了最後期限。那時郵局有很多人在排隊，如果按照正常排隊等下去，歐巴馬一定會錯過截止期。

在歐巴馬的苦苦哀求之下,排隊的人和郵局的工作人員給他方便,加蓋了下午一點鐘之前的郵戳。這個違規行為改變了歐巴馬的命運,也改寫了美國的未來。沒有它,就沒有那個編輯職位;而沒有編輯職位,歐巴馬也不可能在一年之後當上主編;而正是主編一職,讓他第一次作為一顆巨星閃閃發光,為他日後當上美國總統做好了鋪陳。

那天下午的一點鐘,是歐巴馬生命的轉折。其實在我們每個人的生命中,都有這樣的一些轉折,都有這樣的一些機會,關鍵是你要做好準備,同時在機會來臨時牢牢地抓住它。那麼我想,即使你成不了總統,也會讓自己的生命大放異彩。

不要羞於毛遂自薦

國一新生分班歸來,女兒說班長好凶哦,管得同學們頗有怨言。我說這才幾天,你們就有班長了。班長是怎樣選出來的?

女兒說班導馮老師請在小學階段當過班長的同學舉手,只有那位女同學舉手,馮老師就說讓她暫時代理班長了!我詫異地說,妳在小學也當過班長的,為什麼不舉手啊?女兒說當班長很麻煩的,會得罪人。之後,宿舍的室友就在背後議論這位新班長是自大狂。

「這哪裡是自大狂,這叫毛遂自薦,這叫推銷自己。能力在鍛鍊中成長,當班級幹部可以鍛鍊自己的人際交往能力,下次正

第一輯　成功屬於努力的人

式競選幹部的時候，妳一定要站出來競選，用實力證明自己。」女兒聽了，囁嚅著答應了。現在的孩子怎麼變得這樣世故，沒有擔當，這可不是什麼好兆頭。

其實我們成年人，在面對機遇和挑戰的時候，也常常瞻前顧後，結果往往錯過最佳發展時機，以致終身遺憾。試問，毛遂本為平原君帳下一普通門客，為何三年未得嶄露鋒芒。原因無他，平原君不了解毛遂的真實能力，當然不會委以重任。毛遂於是自薦出使楚國，憑三寸不爛之舌，讓楚、趙聯盟，結果一舉成名。

我們常說「是金子總會發光的」，可是人的生命是有限的，短短幾十年時光，如果有真才實學卻又不願毛遂自薦，最終這塊金子因為沒有遇上淘金人，只能與汙泥濁水為伴，從而抱憾終生。我們永遠不要想當然地認為只要做好自己的本職工作，別人就會提拔重用你，這種想法已經不合時宜了。現代社會競爭激烈，我們需抓住一切機會展示自己，推銷自己，這樣才能在適者生存的社會中脫穎而出。

好萊塢有一個傑出演員叫洛‧史泰格（Rod Steiger）。在他出道從事演藝事業四十年之後，一個記者問他：「成為影壇常青樹的祕訣是什麼？」史泰格回答說：「每天早上我起床後，都決心走出去，讓他們知道老子還活著。」當然不是「每天出去走走」，史泰格就能成為「常青樹」，其隱含的意思在於，只要有適合自己的劇本，那麼自己就要去接，這樣就能始終保持一定的

曝光度，從而最終使自己藝術生命常青。

美國著名投資顧問兼暢銷書作家史普那（John Spooner），多年前經營的股票經紀公司破產了，被來自紐約的一家大公司收購。但是紐約的管理層覺得這家分公司無足輕重，因此根本不重視他們。「別指望曼哈頓之外的任何事會讓董事會放在眼裡，要想讓他們認真對待我們可不容易。」有員工向史普那反應。於是史普那覺得不能坐以待斃，必須毛遂自薦才行。於是史普那去紐約見了董事會主席，給他看了紐約評論家對自己著作的評論，包括一家紐約雜誌專欄關於史普那和他作品的評論。能得到紐約評論界的肯定，這充分證明了史普那的能力，於是整個董事會都對史普那及其分公司另眼相看了，有什麼優惠政策也總是先想著他們，公司很快就取得了成功。

不要羞於毛遂自薦，不要把自己的能力藏著掖著。於是，你很快就會發現，你的面前天藍地青，一切都是那樣美好。

勝不驕敗不餒

曾國藩建立團練發跡時，李鴻章還在充任別人的幕僚。因為每每寫出的文案都不為主人待見，只得悻悻離去，另謀出路。李鴻章想到，想要升遷快，只有在軍營中才有機會，而老師曾國藩作為湘軍統帥正值用人之際，自己前去投軍一定會得到重用。於是就帶上名帖，到軍營去拜訪曾國藩。

第一輯　成功屬於努力的人

當年，曾國藩患肺病，僦居城南報國寺，與經學家劉傳瑩等談經論道講理學。京師人士，不分滿漢，都很看重曾國藩，李鴻章當時即以師事之。李鴻章也不吃虧，因為他父親李文安和曾國藩同年中進士，算是同學，曾國藩當然輩分在李鴻章之上。李鴻章不僅與曾國藩「朝夕過從，講求義理之學」，還受命按新的治學宗旨編校《經史百家雜鈔》，所以曾國藩一再稱其：「才可大用，將來必是相輔之才。」

曾國藩當時公事稍歇，正在簽押房內洗腳，忽然聽得一個護衛入報，說是李鴻章李大人求見。曾國藩聽了非常高興，連忙吩咐請在花廳相見。花廳就是客廳，是非常正式的見客之處。護衛正要出去傳話，可是曾國藩又趕緊說道：「你請李大人來此地吧。」

護衛以為曾國藩說錯了，就站在那裡不敢走，心想大帥在此洗腳，怎麼好將外客請到這裡來呢？這不是怠慢人家嗎？曾國藩笑著說道：「李大人是我門生。師生之間沒有什麼避諱，你只管把李大人請來便是。」

李鴻章一聽曾國藩在便室見客，心中有些不快。他一跨進門檻，瞧見曾國藩正在洗腳，並不以禮相見，曾國藩只是輕輕一點頭，便張嘴向旁邊一張椅子上一歪道：「少荃且坐。」說完這句，曾國藩仍然自顧自地低頭洗腳，並不與李鴻章搭話。那種輕慢人的樣子，把李鴻章氣得七竅生煙。李鴻章也不坐，只是厲聲質問道：「門生遠道而至，方才在外面候了好久，怎麼老

師還在洗腳？」

誰知曾國藩見李鴻章已在發火，仍舊淡淡地說道：「少荃在京，和我相處，不算不久。難道還不知我的脾氣嗎？我於平時，每函鄉中諸弟子，都叫他們勤於洗腳。因為洗腳這樁事情，非但可以祛病，而且還可以延年益壽呢。」

李鴻章聽得如此解釋，更加氣憤。又見門外的那一班護衛、差官們都對著自己指指點點，似乎滿含嘲弄之意。於是他不再言語，只是冷笑了一聲，拂袖而出。等到走到門外，猶聞曾國藩笑聲，似乎在說如此年少氣盛，怎好出來做事。

走出軍營，跳上馬，一路揚鞭奮蹄，不覺就是五六里路光景。想起曾國藩對自己的種種輕慢，李鴻章就一肚子氣。本想投奔老師謀個一官半職，如今卻是這樣下場，不禁悲從心來。正在思量之間，後面卻追上來一匹快馬，轉瞬就到眼前。李鴻章一看，卻是同窗好友程學啟，其正在曾國藩帳中做幕僚掌文案。程學啟說大帥知你才深如海，可是年少氣盛，如在官場上混，可能要吃許多暗虧，因此今天特意透過洗腳去去你的驕奢之氣，大丈夫要能屈能伸，望你明白大帥苦心。

李鴻章這時才恍然大悟，連忙回到軍營向曾國藩道歉，立志做一個有才幹、有氣量的人，絕不辜負老師栽培。至此，李鴻章收斂了許多，戒驕戒躁，勵精圖治，終成晚清一代名臣。

第一輯　成功屬於努力的人

▍決心讓成功更上一層樓

那時肯尼正就讀於紐約大學的衛生保健管理科系，儘管還有一個學期才能畢業，但是他已經迫不及待地想開始自己的職業生涯。當時經濟低迷，工作機會難覓。有一天，肯尼發現紐約市著名的倫諾克斯山醫院正在應徵一個晚間管理職位。儘管職位描述中要求應徵者具有一點工作經驗，但是沒有任何經驗的肯尼還是決定去試一試。肯尼花了整整兩週的時間來為這次面試做準備，結果他成了一部名副其實的行動式倫諾克斯山醫院歷史百科全書。

然而，面試那天肯尼一覺醒來，卻驚訝地發現外面一片白雪茫茫。新聞報導說，這是近年來最大的一場暴風雪，據預測降雪深度將達到 2 英尺。肯尼開始思考要不要放棄這個機會，但他很快想到，既然無論陰晴雨雪，醫院都是 24 小時照常工作。那麼，可以確定的是，他的面試官一定會想辦法趕到醫院去。醫院在聘用員工時，該員工的可靠性毫無疑問是其面試的主要考核依據之一。於是，他穿上雪地靴，套上衝鋒皮衣就出發了。從他居住的紐約市郊區白原到醫院的所在地曼哈頓東 76 大街通常需要一個小時的時間。不過，在這樣糟糕的天氣裡，肯尼並不打算信賴通勤列車的時刻表。他提前三小時從家裡出發了，從而確保有足夠的時間準時抵達面試地點。上車之後，他就又開始複習他的筆記了。

不幸的是,那天的雪實在太大,大雪覆蓋了車軌,列車無法通過。肯尼乘坐的列車停在了前往曼哈頓的途中。肯尼只能坐在車廂裡,透過霧濛濛的玻璃窗無助地凝視著外面的白色世界。很快,他特意留出來的三個小時就過去了。眼看時間一分一秒地過去,他已經遲到快一個小時了。那個時候,沒有手機,列車上也沒有付費電話。一想到自己可能會與這一大好機會失之交臂,肯尼急得像是熱鍋上的螞蟻。最終,絕望的肯尼找到站務員,將自己的處境告知對方,哀求他用無線電聯繫前方的車輛排程員,請排程員替他打電話給醫院。乘務員十分同情肯尼,儘管這樣做違反公司規則,但他還是照樣做了。終於,在遲到了數小時之後,全身溼漉漉的肯尼蓬頭垢面地出現在了面試地點。面試官告訴他,他接到了肯尼捎來的口信,並且對肯尼為此付出的努力讚許不已。接著,他們就開始了愉快的面試,似乎進展還不錯。但是肯尼知道,自己沒有絲毫工作經驗,而且應徵這一職位的不在少數,他已經做好了最壞的準備。

誰知道,幾天後肯尼居然接到了醫院人力資源部經理請他就職的通知。經理說,肯尼的確是應徵者中最年輕、最沒有經驗的一個,但是他參加面試的堅定決心給管理層留下了深刻的印象。醫院管理層認為,基礎技能的不足可以透過日後的培訓彌補,但是肯尼的這份決心、使命感以及遇到緊急情況的足智多謀卻是一種難能可貴的特質,是任何培訓都無法提供的。如今,肯尼已經成為紐約健康和醫院集團的一名高級管理者。

第一輯　成功屬於努力的人

塞翁失馬，焉知非福，那天的暴雪天氣就是老天送給肯尼的一份禮物，使他有機會證明沒有任何事情能夠阻礙他實現自己的目標，同時也證明了他是一個信守承諾的人。而這些特質，正是雇主最為看重的。

小事成就大事，細節成就完美

160 年前，尼加拉大瀑布不僅是一幅壯觀的自然奇觀，同時也是一道無法踰越的天塹。美國和加拿大政府都急於將各自領土內的瀑布變成可牟利的資本，然而無論是開發旅遊業還是商業，雙方政府都因瀑布兩側無橋梁連結而一籌莫展。兩岸懸崖間的峽谷太寬，靠近瀑布的尼加拉河河道上的漩渦又太深，無法確保船隻能夠安全通航，因此，位於瀑布上游的一艘渡輪就成了兩岸間唯一的通道。

看著白花花的銀子變成水流掉，兩國政府都心有不甘。如果兩國能夠建造一座橋梁橫跨這一自然鴻溝，使大瀑布成為旅遊景點，其收益一定是相當可觀的。然而，這一想法很快就被來自歐洲和北美的工程師們否決了，只有一小部分人仍然覺得這是可行的。其中一位持肯定態度的工程師名叫查爾斯（Charles Ellet Jr.），這位來自費城的年輕人初出茅廬，心高氣傲，堅決認為在瀑布上架設吊橋的方案是可行的。

吊橋方案的技術難度極大。吊橋必須足夠結實，能夠承受數噸乃至數十噸的重量。不過，頗具諷刺意味的一點是，如此大規模的工程通常都始於一條鋼纜。一般地說，工程師會在河的兩岸或水體的兩側拉一條繩索，接著，他們會重複這一看似細微的工作多次，直到鋼纜具備足夠的承重力，能夠安全地承受住橋體產生的巨大拉力和重力。然而，他們現在需要面對的是尼加拉大瀑布，瀑布兩岸相距 800 英尺，而且兩岸陡峭的懸崖高達 225 英尺，這就考倒了查爾斯和他的團隊。由於河面上的激流異常危險，所以將一條粗鋼纜固定在峽谷的一側，再用船將鋼纜的另一端運到另一側的方案根本行不通。

一天晚上，查爾斯和他的團隊聚在一起，商討如何克服這一實際地理難題，大家提出了不少建議。查爾斯思考著能不能藉助岩石將鋼纜拋至對岸，還有人甚至提議透過砲彈將鋼纜打到對岸去。可是，大家很快否決了這一提議，畢竟，他們的目標是通往加拿大，而不是轟炸鄰國。

最終，這一難題總算解決了，只不過解決問題的人並不是建設團隊裡有經驗的工程師，而是一名當地人。他的方案邏輯嚴密，但聽上去簡直荒謬可笑：舉行一場風箏比賽吧！風箏要夠大，風箏線要夠結實，只要有一個風箏成功地穿越峽谷飛到對岸，風箏線就能被固定，然後在此基礎上繼續加固加粗。最後，施工團隊就能藉助蒸汽絞車將鋼纜送到對岸，並且固定，成為整座吊橋的建造基礎。第一個將風箏飛過河的人將能得到

第一輯　成功屬於努力的人

500 美元的獎勵，這在當時可不是個小數目。這項比賽可以一直進行下去，直到有人取得成功。

於是，在接下來的幾個月裡，共有數百人來此放風箏碰運氣。即便是冰凍三尺的嚴冬也沒有令競賽者退卻。最終，一個叫霍曼（Homan Walsh）的男人將一個風箏送到了對岸。六個月後，尼加拉大瀑布吊橋正式通車，對民眾開放，美國、加拿大兩國政府和人民都受益不少。

天塹變通途，整個工程堪稱一項壯舉，但是它的關鍵就在於：穿越河道，在兩岸間建立連繫。風箏飛躍尼加拉峽谷只是一個小環節，但這個環節卻至關重要。小事不小，沒有一件件小事的成功，我們就不能成就人生的大事。

第二輯
再深的黑夜也終將迎來黎明

本輯編者　周禮

　　絕境就像一堵牆，它將失敗者和成功者分隔兩邊，失敗者看到的只是牆的高度和厚度，而成功者看到的卻是隱藏在牆背後的機遇。

第二輯　再深的黑夜也終將迎來黎明

▎不經苦痛，怎能化繭成蝶

每逢夏天，在距離我家不遠處的那棵大榕樹上，總會聚集大量的蟬，透過茂密的樹葉縫隙，我們就會發現牠們黑小的身影。每天早上，當晨光初現時，一隻等不及的蟬倏地發出一聲奇響，響聲刺破長空，拉開了清晨的序幕。在牠的引領下，不遠處藏匿於葉間的另一隻蟬也隨即響應，牠們呼朋引伴，和弦而鳴。到了午後，蟬在枝頭唱得更歡，時而高亢激昂，時而低沉婉轉，猶如上演著一場聲勢浩大的交響音樂會。

兒時，我最喜歡爬到樹上去捉蟬，並用一根長線繫在牠們的大腿上把牠當作玩物，還自得其樂地向別的小同伴炫耀。有一次，父親看見了，嚴厲地告誡我說：「趕緊將蟬放了，以後再也不要做傷害牠們的事。」那時，我並不明白父親為什麼要保護一隻小小的蟬，後來隨著年齡的增加，知識面的拓寬，我終於明白了父親的良苦用心。

原來，蟬的生命極其短暫，通常只有一個月左右。然而，就是這樣短暫的生命，還要在黑暗潮溼的地下忍受一千多個日日夜夜的煎熬。據說，蟬蛹要在地下發育三到四年（有的還會更長），才能破土而出。當然，這並不代表蟬就擁有了完整的生命，牠們還必須經歷一次生死大考驗——蟬蛻。

當蟬蛹的背部出現一條黑色的裂縫時，蛻變就開始了，這個過程痛苦而漫長，一般要持續一個小時左右。初生的蟬，雙

翼十分柔軟,牠們透過其中的體液管使之展開。當液體被抽回蟬體內時,展開的雙翼就開始慢慢變硬。如果在這時蟬受到了外界的干擾,那麼牠很可能會落下終生殘疾,甚至失去生命。蛻皮的過程是蟬一生中最危險的時刻,因為牠此刻還不能飛,也無處可藏,根本無法抵禦敵人的入侵。

「四年地下苦功,換來一月歌唱。」蟬的一生說明了一個道理:生命來之不易,並且極其短暫,我們應該把握好生命中的每一分每一秒,用樂觀的心態迎接日出、日落,盡量讓自己的人生價值在有限的生命裡閃光。

與蟬有著相似經歷的是蝴蝶,牠的一生要經歷四個不同尋常的階段,即受精卵、幼蟲、蛹、成蟲。當幼蟲孵化出來後,要吃掉大量葉子,才能長成蛹;而幼蟲要變成蛹,又要經歷好幾次蛻皮;當蛹變為成蟲後,牠們又成了其他動物口中的美食。可以說,一隻蝴蝶幼蟲要經歷千辛萬苦,方能化繭成蝶。

從蝴蝶的身上我明白了一個道理:失敗是成功蛻下的軀殼,成功是失敗決裂後的彩蝶。很多東西都可以改變,敵人可以成為朋友,逆境可以化為順境,醜陋可以裂變為美麗,低賤可以昇華為高貴。既然蝴蝶要歷經蛻變的痛苦,才會有化蝶的美麗,鳳凰要歷經浴火的痛苦,才會有重生的喜悅,那麼我們又為何不能承受生命之重、之痛呢?

第二輯　再深的黑夜也終將迎來黎明

▍撞好自己的鐘

有這樣一個故事，在一座寺廟裡，一個小和尚被安排去撞鐘。對於住持的這一決定，小和尚很不樂意，他自認為自己聰明伶俐，能說會道，又有極高的悟性，完全可以做點別的有意義的事情，用不著在撞鐘上浪費光陰。可住持堅決說：「你先做吧，其他的等以後再說。」

就這樣，小和尚心不甘、情不願地做起了撞鐘工作。小和尚心想，讓自己做這麼低階、簡單的工作，簡直就是大材小用。暗地裡，他不知罵了多少次住持沒有眼光，不會用人。不過，不管小和尚怎麼不服氣，怎麼抱怨，但他終究不能改變這一事實。於是，他只好做一天和尚撞一天鐘，得過且過地度過了大半年。

小和尚原打算就這麼混下去，誰知有一天，住持突然宣布，讓小和尚去後院做挑水和撿柴的工作。原因是他不能勝任撞鐘的工作。聽到這一決定，小和尚既震驚又委屈，他氣急敗壞地找住持理論：「我撞鐘不稱職嗎？是沒按時撞鐘，還是鐘撞得不響，影響了大家的生活？」

住持耐心地聽完小和尚的訴說，微笑著搖搖頭說：「不是因為你沒有按時撞鐘，也不是因為你的鐘撞得不響，而是因為你沒有用心。每次撞鐘時，你的心中都充滿了怨恨，認為自己懷才不遇。你沒把撞鐘當作是一項熱愛的工作，也從未意識到撞

| 撞好自己的鐘

鐘是一件對別人很有意義的事情。你撞鐘只是為了應付,只是為了發洩自己的情緒,所以你撞出的鐘聲聽起來空泛、疲軟,懶洋洋的,沒有絲毫的熱情和感召力。鐘聲是為了喚醒沉迷的眾生,帶給他們希望和力量,因此,撞出的鐘聲不但要洪亮,而且要圓潤、渾厚、深沉、悠遠。而這些你都做到了嗎?」

聽了住持的一席話,小和尚猶如醍醐灌頂,一下子恍然大悟,他慚愧地低下了頭。從那以後,小和尚認真地做著身邊的每一件小事,並且從不抱怨,也從不認為那沒有意義。多年後,他終於修成正果,成了遠近聞名的禪師。

生活中,我們又何嘗不是扮演著一個撞鐘人的角色呢?當我們處在平凡的職位上時,我們總是抱怨自己的工作太枯燥,環境太糟糕,收入太差,地位太低,英雄無用武之地。在沒完沒了的抱怨中,我們漸漸迷失了自己,像一頭拉石磨的驢一樣,只知道一成不變地轉圈,甚至自暴自棄,懈怠工作。直到被老闆解僱的那一天,還執迷不悟地認為一切都是別人的錯。而事實上,當我們靜下心來,仔細地想一想,連一件小事都做不好的人,又如何能擔當大任,又如何能成就一番偉業呢?

一家電器集團公司總裁說得好:「把簡單的事做好了就是不簡單,把平凡的事做好了就是不平凡。」我們每天只有撞好了自己的鐘,才談得上有所作為。

第二輯　再深的黑夜也終將迎來黎明

▌沒什麼能阻擋你成功

他很不幸，出生剛滿 8 個月，就因一場疾病失去了光明，使自己徹底陷入了黑暗的世界，以至於長大後，在他的腦海裡竟沒有一絲影像和顏色的記憶。除了無邊的黑暗，他什麼也看不見，不知道世界是什麼樣子，不知道花兒有多美麗，甚至連看一眼自己的媽媽都成了平生最大的奢望。

他的童年是苦澀的，沒有人能體會他的內心有多麼自卑，有多麼脆弱，有多麼痛苦。他覺得自己是這個世界上最可憐、最不幸的人，別人一生下來，就有一雙明亮的眼睛，就可以看見世上的一切，而自己連爸爸媽媽長什麼模樣都不知道。因為看不見，他常常摔得鼻青臉腫，常常摔得頭破血流，常常被別人嘲笑和欺負……他不知道自己將來還要面臨多大的痛苦和磨難，未來對他來說實在太可怕了，他的眼裡一點希望也沒有。

每每看到他孤獨、絕望、無助的樣子，母親的心就碎了。從內心講，哪個做父母的不希望自己的孩子健健康康、快快樂樂呢？可是，既然已經這樣了，那就只能接受現實，揚長避短，把孩子培養成一個能夠獨立生活的人。母親忍著眼裡的淚水，鼓勵他說：「孩子，雖然你看不見陽光，但你可以讓自己的心裡充滿陽光；雖然你不幸失去了光明，但你還有雙腳、雙手、鼻子、耳朵和嘴巴，更重要的是你還有一顆聰慧的腦袋，你完全可以靠自己的努力養活自己，甚至取得事業的成功。」

媽媽的話讓他幡然醒悟,儘管他看不見任何東西,但他的觸覺和聽覺非常好,記憶力也相當不錯,完全可以利用自己的長處,過上更好的生活。於是,他開始主動配合媽媽,跟著她學穿衣服、學走路、學煮飯、學做家務、學讀書、學寫字等。雖然他付出了常人數倍的努力,承受了常人不能承受的痛苦,但他最終學會了行走和照顧自己,他非常開心,也漸漸找到了生活的信心和勇氣。

在母親的教育和引導下,他的性格變得樂觀而堅強。有一次,他跟著奶奶到外地去玩,一群不懂事的小孩追著他喊:「小瞎子,看不見!小瞎子,沒出息!」奶奶聽後心裡十分難受,想找那些小孩的家長算帳,但他微笑著對奶奶說:「奶奶,算了吧,我本來就是瞎子,他們沒有說錯,就讓他們這樣叫好了!」

8歲那年,父親買了一臺電子琴給他,他歡喜異常,愛不釋手,每天都要彈上好幾個小時。他的音樂天分極高,一首曲子練習幾遍就能準確地彈奏出來,並且還能彈出從收音機裡聽來的歌,音符和節奏都很到位。母親十分高興,還專門為他請了一個音樂老師。但是,隨著課程的繁複,學習的深入,難度的增加,他開始懈怠了。

畢竟練琴是辛苦的,枯燥的,乏味的,更何況他還只是一個幾歲大的孩子。

見此,母親問他:「你喜歡練琴嗎?」他點點頭說:「喜歡。」

母親說:「既然你喜歡,就應該堅持到底,做到有始有終,

第二輯　再深的黑夜也終將迎來黎明

不要遇到困難就想退縮放棄。如果你不能堅持,怕苦怕累,那你做別的事情也會如此。這樣下去,你就會一無所長,那將來能做什麼呢?」

他聽後,慚愧地拉著母親的手說:「媽媽,對不起!我知道該怎麼做了。」

從那以後,他學會了控制自己的情緒,始終如一地做一件事情。十幾年後,他終於闖出了一片屬於自己的天地,成了一個舉世矚目的明星。

別被想像的困難嚇倒

1990 年代,他在一家不太景氣的公司上班,每月只有微薄的薪資,即便省吃儉用,日子依然過得捉襟見肘。數年來,他們一家三口就居住在一間不足十五平方公尺的單身宿舍裡,除了一臺 25 寸的電視機外,家裡幾乎找不到一件值錢的東西。

面對這樣的困境,他也曾抱怨過,也曾想過另謀他路。可是,一想到不可預知的未來,他就退縮了。畢竟現在還勉強過得去,而自己除了做車工,又能做什麼呢?弄不好,連一家人的溫飽都無法維持。左右思量,他還是覺得維持現狀比較好。

平常,儘管他嘴上抱怨著,心裡詛咒著,但他還是日復一日、年復一年地從事著手頭的工作。他想,只要自己努力工作,

好好表現，將來升遷，就能漲薪資。等存夠了首付的錢，就可以貸款買一間房子，再簡單地裝修一下，就能過上比較舒適的生活了。

然而，天不遂人願，就是這樣一個小小的夢想也無法實現。2001年，由於企業經營不善，虧損十分嚴重，單位不得不裁減人員，以緩解眼前的危機。不幸的是，他被列在了第一批失業人員的名單中。失業，這對一個上有老下有小的人來說，無異於晴天霹靂。為了不失去這份工作，他拿出僅有的一點積蓄，買了兩瓶好酒、一條好菸，來到主管家裡，苦苦地哀求主管（就差沒下跪了），希望主管能體恤一下他的困難，將他留下來。主管聽後，無可奈何地說，我也沒辦法，如果不裁員，公司就保不住。最終，他好話說盡，還是沒能保住這個工作職位。

那天，他失魂落魄地回到家裡，彷彿天塌下來一般，絕望到了極點。他不敢想像失去唯一的生活來源後，以後的日子會是怎樣一種悽慘的光景。那段時間，他感到相當失落，十分迷茫，十分恐慌，不知道未來的路在何方。當然，痛苦歸痛苦，無助歸無助，日子還得繼續過下去。無奈之下，他只好面對現實，尋找其他出路。沒過多久，他和妻子背上行囊，去了外地工作。

讓人意想不到的是，十年後，昔日走投無路的失業工人，不僅解決了溫飽問題，還有了豪華別墅、高級轎車。如今，他已是一個集團公司的老闆，旗下擁有五家企業，資產達到數十億

元。每每憶及往事,他總是感慨萬千,如果不是當初所在的企業裁員,恐怕他現在還是一個普通的技術工人,過著充滿牢騷與抱怨的生活。

原來,平庸與失敗背後的推手不是別人,恰好是我們自己。人生最大的敵人不是失敗,而是甘於平淡、安於現狀的心。人們一方面渴望過上美滿幸福的生活,而另一方面又害怕改變。人總是習慣於現有的生活狀態,而不願意做出新的嘗試,結果故步自封,畫地為牢,一輩子被困囿在原地,只能扼腕嘆息,坐觀他人的成功。其實,改變現狀並沒有想像的那麼困難,那麼可怕,只需要付出一丁點的勇氣而已。

成功就在高牆後

曾經有一個冒險者想要一夜暴富,於是他在一個邊陲小鎮買下了一大片土地,如果地下蘊藏著豐富的石油的話,那麼他將成為世界上最富裕的人。然而遺憾的是,他花費了大量的時間和資金,卻只打出了一口極小的油井,其出油量還不夠開採的費用。冒險者頓時傻了眼,他沒想到如此一塊大家看好的寶地,地下竟然沒有石油,這一次自己徹底失敗了。眼看著自己投入的錢血本無歸,全都化為了泡影,冒險者實在有些不甘心。

為了盡量降低損失,他決定在這一片土地上發展種植業,如果順利的話,前景依然十分可觀,可是當他嘗試著種植一些

東西時，才發現這片土地十分貧瘠，根本不適合栽種任何經濟作物。既然種植業不行，那就試試畜牧業吧，可是當他嘗試著養一些牲畜時，才發現這裡除了低矮的灌木，根本沒有供牛羊生長的水草。後來，他又想在這裡尋找值錢的礦物，可是這裡除了無數讓人望而生畏的響尾蛇外，根本沒有任何值錢的東西，要是一不留神，不但發不了財，可能連性命都會丟掉。最後，冒險者只好帶著一身的疲憊和滿心的絕望離開了小鎮，從此過著債務纏身的生活。

沒過多久，又一個冒險者看上了這片土地，他的命運跟前一個冒險者一樣，尋遍了這裡的每一個角落，也沒有找到他夢寐以求的石油。如果依這種情形發展下去，用不了半年時間，自己就會成為一個身無分文的窮光蛋。面對眼前的絕境，冒險者心急如焚，日不能食，夜不能寐，憂心忡忡地尋找著各種可以解決問題的途徑。可是這裡除了一望無際的貧瘠土地和低矮無用的灌木林，似乎根本沒有什麼好的出路。儘管失望不止一次地漫上冒險者的心頭，但他始終堅信，天無絕人之路，世上只有自己想不到的商機。

那段時間，他強迫自己冷靜下來，認真地考察了這裡的地形和資源，最後他將目光緊緊地盯在了那看似沒有什麼用途的響尾蛇身上。為了穩妥起見，他吸取了上一個冒險者的失敗教訓，閱讀了大量關於響尾蛇的資料，並作了詳細的市場調查，發現響尾蛇渾身都是寶。他按捺不住心中的激動，迅速籌措資

第二輯　再深的黑夜也終將迎來黎明

金,著手打造響尾蛇產業。後來,他不但利用這裡的響尾蛇擺脫了債務危機,還贏得了財富。為了將這裡的資源擴大,他還打起了旅遊業的主意,讓遊客前來觀光賞景,體驗野外生活。一切如他所料想的那樣,每年都有數十萬遊客蜂擁而至,他從中賺了荷包滿滿。

原來,絕境就像一堵牆,它將失敗者和成功者分隔兩邊,失敗者看到的只是牆的高度和厚度,而成功者看到的卻是隱藏在牆背後的機遇。

別人的美食可能是你的毒藥

春秋時期,越國有一個叫東施的女人,她長得十分醜陋,並且動作粗俗,說話大聲。儘管如此,人們並沒有因為她的長相而看不起她,也沒有挖苦她。

而在越國的另一個地方,有一個名叫西施的女人,她長相端莊,面若桃紅,連水中的魚兒見了她,都慚愧地沉到水底不敢出來。西施之美,美若天仙,傾國傾城,無論是她的一舉一動,還是一顰一笑,都深深地吸引著人們的目光,牽動著人們的心。有一次,西施走在鄉間的小路上,突然感到胸口一陣疼痛,她情不自禁地皺起雙眉,並用手捂住胸口。沒想到西施的這一舉動正好被在田裡勞作的鄉民看見了,他們覺得西施那柔弱嬌媚的樣子比以前更加美麗、更加動人,讓人頓生一種憐香

別人的美食可能是你的毒藥

惜玉之情,耕者忘其犁,鋤者忘其鋤,擔者忘其擔,大家都呆呆地望著她。

東施聽說這件事後,非常羨慕西施的成功,也想做一個人見人愛的美女。於是,她模仿西施的樣子,一邊皺著眉頭,一邊手捂胸口,擺出一副風情萬種的姿勢。她以為這樣就能博得人們喝采,收穫成功的喜悅。誰知,其矯揉造作、扭捏作態之勢反而令她更醜,讓人們反感不已。結果,富人看見她,趕緊關上大門,等她走後方才出來;而窮人見了她,就像遇到瘟神一樣,連忙拉著妻子和孩子遠遠地躲開。

東施的行為可謂得不償失,不僅迷失了自我,還落下一個東施效顰的笑柄。

美國第16任總統林肯也曾有過一段「東施效顰」的經歷。年輕時的林肯十分仰慕那些成功的商人,他想著,別人能成為富翁,只要自己努力也同樣能成為富翁。為了實現這個夢想,他著手創業。然而,他根本不是做生意的料,經營不到一年,工廠就宣布倒閉了,還欠下了一大筆的債務。這時,林肯才猛然意識到,不切實際地模仿別人永遠也不會成功,自己的長處不是經商,而是演講和政治。於是,他及時調整了方向,做回了自己,參加了州議員的競選。後來,雖然林肯經歷了無數的挫折和失敗,但他始終沒有放棄自己的追求,他要做自己生活的主宰。西元1860年,林肯的努力終於開花結果,他衝破層層阻撓,成功當選為美國第16任總統,為美國的統一和黑奴解放

做出了不可磨滅的貢獻,也為美國在 19 世紀躍居世界頭號工業強國開闢了道路,使美國進入了經濟發展的黃金時代。

野鴨的小腿雖然很短,續長一截就有憂患;鶴的小腿雖然很長,截去一段就會痛苦。我們可以向每個人學習,但我們不能刻意地去模仿任何人,因為別人的美食可能是你的毒藥,踏著巨人的腳步不一定能成為巨人。量體裁衣,做自己最感興趣的、最擅長的事,才是走向成功的最佳途徑。

良好心態是成功的保證

「一個人的成就大小,往往超不出他自信心的大小。」

不知從什麼時候開始,學校的小孩興起了一股玩滑板的風氣,每天下午放學後,這些小孩便會在操場上自由、歡快地滑翔。

那天下午,我閒著無事就站在陽臺上觀看孩子們玩滑板。星星是最早玩滑板的孩子,是所有小孩中滑得最好的一個。只見他動作嫻熟,姿態優美,揮灑自若,隨心所欲。滑板似乎成了他身體的一部分,完全由他掌握和控制,他想向左就向左,想向右就向右,想轉彎就轉彎,甚至還能在空中做一些簡單的動作。星星滑完一圈後,我情不自禁地為他鼓起了掌。

一會兒我將目光移向了正學玩滑板的文文。文文是一個不太好動的孩子,今天剛買的滑板。只見他小心翼翼地先將一

> 良好心態是成功的保證

隻腳踏在滑板上,然後慢慢地向前移動,他努力地想把另一隻腳也放上去,像其他孩子一樣自由地滑行。可是他接連試了好幾次都沒有成功,要麼後腳放不上去,要麼剛放上去人就摔倒了。由於在練習的過程中他跌倒了兩次,腳受了一點傷,這使得他更加小心謹慎了。結果越是如此越是失敗,越是失敗越是沒了信心。最後文文心灰意冷地將滑板丟在了一邊,垂著腦袋,一言不發地望著自己的腳尖。

觀察了這兩個孩子一陣子後,我不禁由此想到了我們的人生。生活中我們會發現,有些人做事總是得心應手,輕鬆自若,左右逢源,事業如日中天,而有些人做事則總是畏首畏尾,瞻前顧後,諸事不順,四處碰壁,毫無建樹。是何緣故呢?或許這跟孩子們玩滑板一樣,主要取決於一個人的心態和自信。

美國頗負盛名、人稱籃球傳奇教練的伍登(John Wooden),有一次接受記者採訪,記者問:「你成功的祕訣是什麼?」伍登微笑著說:「談不上什麼祕訣,只不過我比別人的心態好罷了!每天睡覺前,我都會提起精神告訴自己,我今天的表現非常好,而且我明天的表現會更好。」正面的心態,常常能激發出無窮的潛力。伍登正是靠著這樣一種向上的心態克服了一個又一個困難,取得了一次又一次成功。生活中,無論我們遇到多大的困難和挫折,都應該每天給自己一個希望,給自己一份好的心情。也許有些東西是我們無法選擇,也無法改變的,但好的心態卻完全取決於我們自己。其實人與人之間的差別極小,心

態是一個重要的因素。

影響一個人成功的因素也許有很多，但有一樣東西是每一個成功人士都具備的，那就是自信。有人說：「一個人的成就大小，往往超不出他自信心的大小。」生活和工作中我們總會遭遇各式各樣的打擊，但我們絕不能因這一時的困難而喪失了信心。每一個人都應該正視自己，收起心理上的自卑和膽怯，放開重重顧忌，掙脫層層束縛，摒棄種種評論，保持好的心態，事事充滿信心，那樣我們才能成為主宰自己命運的主人。做起事來，才會遊刃有餘，馬到成功。

幫自己找個對手

曾經，在一座森林公園內，生活著一群梅花鹿，大約有三四百隻。那裡環境清幽，空氣新鮮，水草豐茂，氣候宜人，梅花鹿不僅不會受到老虎和狼等凶猛動物的侵襲，而且還有飼養員定期為牠們餵食。可以說梅花鹿們什麼也不用擔心，什麼也不用著急，每天只管盡情地享受大自然和人類賜予的這份安定與舒適。這樣美好的一個地方，簡直就是動物王國理想的天堂。一些專家毫不掩飾地說，用不了幾年，這裡就會成為梅花鹿的勝地，那將是森林公園裡一道最亮麗的風景。

可是，令人意想不到的是，幾年後，梅花鹿的數量不但沒有得到倍數增加，而且病的病，死的死，剩下的不到原來的三

分之一。這是怎麼回事呢?專家們百思不得其解。

後來,有人想了一個辦法,買了幾隻狼放入森林公園內。起初還有人擔心這樣做會傷害到梅花鹿,甚至可能帶來滅頂之災。而事實上,結果卻大出人們所料。在狼的追逐下,梅花鹿每天都生活在高度的緊張中。為了生存,牠們不得不提高警惕,不得不學會快速奔跑,不得不想辦法盡量避開狼群。因為牠們知道,如果跑得慢,落在最後,就會成為狼的盤中之餐。在優勝劣汰的法則面前,只有盡可能地使自己變得強大,那樣存活的機會才會大一些。

就這樣,狼成了梅花鹿的健身教練。在經歷了一次又一次的逃生後,梅花鹿的體格越來越強健,雙腿越來越有力量,奔跑的速度越來越快,嗅覺和聽覺也越來越靈敏。狼在牠們的身上幾乎占不到什麼便宜。幾年下來,除了一些老弱病殘的梅花鹿被狼吃掉外,其他梅花鹿都存活了下來,並且數量還增加了不少。

最後,專家們終於明白了,原來舒適安逸的環境不是梅花鹿生活的天堂,而是梅花鹿毀滅的地獄。

和梅花鹿相比,人又何嘗不是這樣呢?古語云:生於憂患,死於安樂;流水不腐,戶樞不蠹。人的骨子裡天生就有一種惰性,沒有一個競爭對手,就會目光短淺,就會沾沾自喜,就會安於現狀,就會停滯不前。對手,其實就是你的一面鏡子。透過他,你可以發現自己的弱點與不足,並不斷地完善和提升自

己;透過他,可以激發你的鬥志和潛力,讓你迸發出無比的熱情和信心;透過他,你可以找到致勝的法寶,進入成功的殿堂,達到事業的峰巔。

因此,在職場中打拚,我們不要害怕有對手,也不要認為對手就是敵人,更不要想方設法地打擊和陷害對手。我們要學會接受對手,尊重對手,與對手公平競爭,展開角逐。

如果你不想讓自己靠在柔軟的椅子上睡去,那麼最好的辦法就是幫自己找一個強而有力的對手。

一棵樹的成長

他很不幸,一出生時智力就比別的孩子低了許多,別人需要十分鐘完成的事,他通常需要二十分鐘,並且完成得還沒有別人出色。在學習方面,他更是糟糕透頂,別人一學就會的東西,他往往需要老師重複許多遍才能想明白。儘管他在學校比任何同學都努力,可是每次考試下來,他總是倒數第一名。為此,他十分沮喪,也非常自卑,總覺得自己一無是處。

一天,他絕望地問父親:「我是不是很笨、很蠢,同學們都譏笑我,連老師也不喜歡我,他們說我一輩子都不會有前途,永遠都只會拖別人的後腿。」

父親慈愛地撫摸著他的頭,微笑著說:「孩子,你一點也不

笨。雖然你比別的同學考得差，但你每天都在進步，當你的努力達到一定程度時，你就會趕上他們，甚至超越他們。」

「是嗎？我每天都在進步，但為什麼我感覺不到呢？」他迷惑不解地問。

「是的，孩子，你每天都在進步，只是你沒有發現罷了！」父親肯定地說。

他還是有些不相信，認為父親在哄他。對此，父親沒有再作解釋，而是從屋裡拿出一把鐵鏟，又從山上找來一株小樹苗，然後交給他說：「孩子，你把它種在院子裡吧，千萬記得要為它澆水、除草和施肥。」他不知道父親這樣做有什麼用意，但他還是很樂意地聽從了。他拿起鏟子，在院子裡挖了一個小坑，將樹苗放在裡面，然後培上土。

一晃一年過去了，這天他又考了一個倒數第一名回來。他憤怒地責問父親：「你說我每天都在進步，那為什麼一年下來，我仍然考了倒數第一名呢？」

父親沒有回答他，也沒有像往常那樣安慰他，而是將他帶到院子裡，指著那棵樹苗對他說：「孩子，你瞧，這棵樹苗是你去年親手種下的，那時它只有一公尺左右，乾枯瘦小，弱不禁風。現在你再看，在你精心的呵護之下，它長得綠油油的，顯得生機勃勃，已將近兩公尺高了。」

他似懂非懂地點點頭，臉上溢滿了自豪。「可是，這與我的學習有什麼關係呢？」他抬起頭問父親。

第二輯　再深的黑夜也終將迎來黎明

「孩子，當然有關係！樹每天都在生長，但你看得見嗎？」他搖了搖頭。

父親又接著說：「看不見，並不代表它沒有生長，因為一年後你再去看它，你會發現，其實它長高了。學習也是一樣，它是一個日積月累的過程，就像一棵樹的成長，也許你一個月、兩個月看不到進步，甚至一年、兩年都看不到進步，但是五年、十年後，你再回頭看自己走過的路，你一定會發現自己成長了、進步了。」

聽了父親的訴說，他一下子明白了，原來自己的努力並沒有白費，自己每天都在進步，於是他又有了信心和希望。就這樣，他數十年如一日，堅持不懈地努力著。最終如父親所說的那樣，他超越了所有之前讓他羨慕和嫉妒的人。他成了那一屆的大考榜首，順利地考入了理想的大學。

多年後，當他回到故鄉時，驚奇地發現自己當年種下的那株小樹苗，竟然長成了一棵十幾公尺高的參天大樹，枝葉繁盛茂密，綠蔭遮天蔽日，強大得好像能征服一切。望著那棵樹，他忍不住淚流滿面，為自己，也為父親的良苦用心。

愛因斯坦成功的祕訣

有一次，一位美國記者問及愛因斯坦成功的祕訣時，愛因斯坦淡淡地微笑著說：「早在1901年，我還是一個二十二歲的

青年時，我就已經發現了成功的公式。我可以把這公式的祕密告訴你，那就是 A=X+Y+Z！A 就是成功，X 就是努力工作，Y 是懂得休息，Z 是少說廢話！這公式對我很有用，我想它對許多人也一樣有用。」

A=X+Y+Z，這看似簡單的一個公式，卻向我們揭示出了成功的三大要素。

一個人想要獲得事業的成功，最起碼必須努力工作。任何一個成功者的背後，都少不了汗水和心血，一個人成就的大小往往取決於他努力的程度，付出越多，收穫越多。眾所周知，愛因斯坦小時候並不算一個聰明的孩子，相反還顯得有些遲鈍和愚笨。四歲了不會說一句完整的話，上小學時功課總是比別的孩子落後，教他希臘文和拉丁文的老師甚至當著全班同學的面辱罵他：「愛因斯坦，將來無論你做什麼，都會一事無成。」然而愛因斯坦透過勤奮和努力，不但彌補了自己先天的缺陷，追趕上了別人，還成了偉大的物理學家。

由此可見，努力是一個人成功的基石。

努力工作和懂得休息，這看上去像兩個矛盾的對立面，而事實上卻是相輔相成的。充沛的精力是努力工作的保證，而充沛的精力從哪裡來呢？當然是來源於好的休息。一個真正懂得工作的人，也是最懂得休息的。因為他們明白，如果不懂得休息，就不能全身心地投入工作，就不會有較高的工作效率。而休息好了，神清氣爽，精神百倍，思路清晰，做起事來得心應

手，往往能取得事半功倍的效果。正如愛因斯坦所說的那樣，他每天的生活十分有規律，無論工作有多麼繁忙，他都會擠出一些時間來休息。比如，在緊張的工作之餘，他會抽空參加各種娛樂活動，參加爬山、騎車、賽艇、散步等體育鍛鍊。曾有人這樣形容愛因斯坦工作時的樣子：「簡直像個瘋子，似乎永遠都有用不完的精力。」懂得休息，才懂得工作，這絕對是適合於任何人的至理名言。

少說廢話就是要扎實工作，多做實事，不誇誇其談，不受外界的影響和干擾，懂得珍惜時間。一個人的生命是有限的，如果把有限的生命用在說廢話上，用在對成功的憧憬上，用在浮華的虛榮上，那麼毫無疑問這個人將一事無成。凡是有所作為的人，都是惜字如金的。因此一個人想要在某一領域取得成就，最好少說廢話，或不說廢話，把有限的時間都用於學習和工作。

其實，把愛因斯坦的這個公式概括成一句話，那就是：工作和休息是走向成功的階梯，而珍惜時間是走向成功的重要條件。這便是成功的祕訣。

成功源於走自己的路

有這樣一個故事，一天，一群小青蛙在外面玩耍，牠們不經意間抬起頭，發現前面不遠處有一座高聳入雲的鐵塔。其中

> 成功源於走自己的路

一隻小青蛙突發奇想,要是我們能爬到塔尖上去玩耍,那該多好啊,那上面一定可以看到許多迷人的風景。在這隻小青蛙的提議下,大家摩拳擦掌,蠢蠢欲動。很快就看到一些青蛙爬上了鐵塔,正一步一步地向上面爬去,走在後面的也不甘示弱,爭先恐後地緊跟而上。

不久,太陽出來了,火辣辣地炙烤著大地,讓人望而生畏,鐵塔上的溫度更是比地上高了許多。只見小青蛙們一個個氣喘吁吁,被曬得汗流浹背。這時,其中一隻小青蛙嘆息道:「塔這麼高,何時才能到達塔尖呢?而且上面也不一定好玩,還不如回到地面去。」牠這麼一想,便開始退縮了,並情不自禁地停住了腳步。

另一隻小青蛙也抱怨說:「水裡多涼爽,多自由啊,我們爬上塔尖去做什麼呢?純粹是吃飽了撐著沒事做,自找罪受。」於是牠也停了下來。

隨後,三三兩兩地又有一些小青蛙停了下來,牠們嘲笑自己真是太傻了,這個提議從一開始就是錯誤的。於是,牠們齊聲責備著剛才提出建議的小青蛙。

不一會,幾乎所有的青蛙都停了下來,並沿原路返回了地面。這時,牠們吃驚地發現,有一隻最小的青蛙仍然在努力地往上爬,牠的速度並不快,並且還顯得有些艱難,但牠卻絲毫也沒放鬆,一點一點地往上挪動著。

時間一分一秒地流逝著,終於那隻最小的青蛙爬上了塔尖,

第二輯　再深的黑夜也終將迎來黎明

牠看到了天空悠悠的白雲，遠方漂亮的城市，還有不時從身邊掠過的唱著婉轉歌曲的飛鳥。真是太美了！太神奇了！小青蛙由衷地感嘆。牠活這麼大，還是頭一次看見如此壯觀的景象，更重要的是，由此牠的目光高遠了，心胸開闊了。

當小青蛙從塔尖上下來時，所有的青蛙都瞪大了眼睛，牠們的目光中飽含著敬佩、羨慕，還有後悔。當牠們問起那隻小青蛙為什麼能義無反顧地往上爬時，這隻小青蛙的回答讓牠們跌破眼鏡。原來，這隻小青蛙的聽力有些問題，由於牠爬得慢，與大家保持著一定的距離，所以大家在鐵塔上的議論牠一句也沒聽清楚。後來，大家都往回走時，又由於牠過於投入，根本沒注意到。在鐵塔上，牠只有一個想法，那就是無論如何也要爬上塔尖。最後，牠成功了，如願以償地領略到了別人沒領略到的風景。

在我們走向成功的路上，常常會受到外界一些事物的影響，比如困難與挫折、名利的誘惑、別人的非議等等原因，大多數人在中途停了下來，而真正到達成功殿堂的人，屈指可數。因此，我們要想獲得成功，就需不畏艱險，經得起名利的誘惑，不在乎別人的是非評論，腳踏實地地走自己的路。

摸得著的理想

曾見過一個經驗豐富的老農夫餵牛的過程。剛開始這位老農夫直接把草料放在地上，讓牛毫不費力地食取，老農夫以為這樣牛會吃得很飽，工作會更加賣力。可是一段時間下來，老農夫發現，這頭牛學會了挑三揀四，不僅浪費了不少草料，身體也不如以前壯實了，還常常懈怠工作，不把主人的話當回事。

後來，這個老農夫想了一個辦法，每次餵草料時，他總是將草料放在一個比牛的頭略高一些的架子上。這樣，如果牛要想吃到草料，就得付出一定的努力。令人意想不到的是，從那以後，牛不但不再挑三揀四，對一些稍微不好一點的草料也吃得津津有味，並且眼神中還流露出滿足與自豪。

我好奇地問老農夫，為什麼把草料放在地上，牛會挑三揀四，或不屑一顧，而放在高處卻要努力去吃呢？

老農夫笑著說，這就叫越容易得到的東西，越不懂得珍惜，越不容易得到的東西，越會想盡辦法得到。

聽了老農夫的訴說，我不禁恍然大悟。不光是牛，我們人也常常這樣，太容易完成的事情，往往讓人沒有前進的動力，也找不到絲毫的成就感。而太難完成的事情，往往又讓人望而生畏，覺得遙不可及。只有那些透過一定的努力才能完成的事情，才會讓人產生成就感和幸福感，認為成功並不是想像中的那麼難。

第二輯　再深的黑夜也終將迎來黎明

　　而生活中，許多人總是喜歡將自己的人生目標定得很高遠，認為理想越遠大，取得的成就越豐碩。比如，有些人從小就立志要當科學家，當作家，當政治家，當畫家，當音樂家，當億萬富豪等。結果，因為好高騖遠，這些人在人生的路上總是碰壁，無論怎麼努力也實現不了自己的理想，最後只得灰心喪氣地放棄了，並且還在心裡烙下了一個自卑的陰影。從此以後，事事不順，空餘一聲長嘆，出師未捷身先死，長使英雄淚滿襟。

　　其實，我們應該訂定一個自己看得見、摸得著的目標，這樣在攻克一個目標後，就會收穫成功的喜悅，進而建立起自信，有了自信心，就會有克服困難的勇氣，就會一步步地邁向成功。這有點像爬山，如果一開始我們就把目標定在高聳入雲的山頂，在艱難的攀爬中，你會一點一點喪失信心，還未到達山腰，就失望地放棄了。如果一開始不是將目標定在山頂，而是定在某個山頭的山腳，那麼你就會一鼓作氣地征服這個山頭。嚐到甜頭後，你又會滿懷信心地去征服另一個更高的山頭。也許最後你到達山頂的時間推遲了，但你收穫的快樂遠比別人多得多。

　　一個成功者，不是因為他把自己的目標定得有多高，而是因為他始終把目標定在自己勉強能搆得著的位置。在成就事業的路上，我們需要一把看得見、摸得著的草料，在前面時刻誘惑著我們，激勵著我們，那樣才能克服重重困難，翻越一座座崇山峻嶺，到達事業的巔峰。

▎奇蹟就是在堅持中創造的

劉謙在 2009 年一炮而紅,成為家喻戶曉的傳奇人物,許多人認為劉謙的成功是一個奇蹟。的確,對於一個年僅三十三歲,並且雙眼嚴重散光,主修日本語文學的年輕人,能在魔術界引起如此巨大的轟動,能受到民眾如此熱烈的歡迎,能獲得如此多的國際殊榮,這不能不說是一個奇蹟。但這個奇蹟不是偶然,而是在堅持中創造的。

劉謙從 8 歲起就開始自學魔術。有一天他在一家百貨公司的魔術道具專櫃前看熱鬧,看見店員示範了一個硬幣的小魔術。這個小魔術強烈地震撼了劉謙幼小的心靈,他暗暗發誓,一定要擁有這種超能力。於是他買回了大量有關魔術的書籍,沒事時就把自己關在房間裡,認真地鑽研起了魔術。劉謙的父母都認為他喜歡魔術完全是心血來潮,不會堅持多久,豈知劉謙是一個認定了一件事就不會輕易放棄的人。他孜孜不倦地學習著魔術的知識和技巧,並虛心地向國內外眾多魔術大師求教。

皇天不負苦心人。12 歲時劉謙就獲得了由世界著名魔術大師大衛考柏菲 (David Copperfield) 頒發的「全臺灣兒童魔術大賽冠軍」。隨後,劉謙又分別獲得了好幾個國際性大獎,儘管如此,劉謙的魔術之路還是舉步維艱。為了贏得大眾的喜愛和肯定,劉謙走上了街頭,在大街小巷免費表演給大家看。剛開始

第二輯　再深的黑夜也終將迎來黎明

大家仍然不能接受他,並且一些人反應十分強烈,對他惡語相諷,甚至向他潑髒水。

劉謙默默地忍受著這一切,他不斷地創新自己的魔術,比如,在魔術中加入受人關注的時尚元素。他還不斷完善自己的手法和技巧,做到百密無一疏,不留下任何破綻。同時為了充實自己的專業領域和格局,他還涉獵音樂、舞臺美術、劇場、工業設計、電視、廣告、攝影等相關藝術知識。他的認真和堅持終於帶來了事業的春天,有一次他在街頭表演魔術時,碰巧被一家電視臺的負責人看見,並且被他的魔術深深地吸引。這位負責人邀請他到電視臺主持一個魔術節目,問他是否願意,只要他點頭,馬上就可以簽訂合約。劉謙同意了。到了電視臺工作後,劉謙始終抱著對技藝永無止境的追求和娛樂觀眾的心態,盡情地向觀眾展示著自己的魔術魅力。這個節目剛播出不久,立即在觀眾的心目中掀起了一層不小的波瀾,收視率一路飆升,一時間劉謙的魔術成了人們茶餘飯後討論的話題,由此劉謙才算真正走上職業魔術師的道路。

劉謙曾說:「前 15 年我一直在練習手指頭的技巧,後 10 年我動腦比動手多,每天都是策劃、開會、接受新的資訊和創意,然後在舞臺上呈現新的節目形態。」其實,任何一個人成功的背後,都少不了辛勞和汗水,尤其是矢志不渝的堅持。

回過頭來看成名前的劉謙,其實是一路風雨,一路坎坷,

他之所以能在 2009 年一炮而紅，憑的就是這種咬定青山不放鬆的執著，他所創造出的奇蹟，完全是在一步一步地堅持中完成的。

第二輯　再深的黑夜也終將迎來黎明

第三輯
找出問題,面對問題,解決問題

本輯編者　彭忠富

　　當我們遇到問題時,如果用一種方法無法解決,可以轉變思路,換一種方式;當我們無法自己解決問題時,要及時向他人求助,不懂就問。

　　學會妥善處理周邊發生的事情,這樣你才會贏得成功,獲得幸福。

第三輯　找出問題，面對問題，解決問題

▋經營自己的長處

一個朋友在聊天時抱怨：「我都快四十歲了，可是仍然事業無成，真是枉來世上走一遭。」作為男人，我非常理解朋友渴望建功立業的焦慮。可是放眼周圍，我們看見的絕大多數人還是碌碌無為。

既然人人都渴望成功，為什麼成功者卻始終是鳳毛麟角。我覺得，我們首先要充分地認識自己，找出自己的長處，然後經營自己的長處，只要堅持下去，那麼你一定能取得些許成就。

讀大學時，班上有個女同學小梅。小梅長相平平，學習也不用心，在班上每次考試都處於中下等。小梅父母是經營皮鞋工廠的，經濟寬裕一些，有點錢喜歡炫耀，無奈男同學不追她，女同學瞧不起她。小梅很鬱悶，經常吹噓說畢業後五年內要買輛BMW，送給未來的老公做為結婚禮物，別人都覺得她是異想天開，更加討厭她了。

但是小梅的行為方式就是不一樣，別人忙著考證照，考研究所，增加知識儲備將來好找工作。她卻最喜歡晚上在學校門口擺地攤，高聲叫賣一些小玩意，後來又賣糖葫蘆，甚至買個壓力鍋做爆米花，這樣混到畢業，竟然聽小梅親口說自己大學四年共賺了幾十萬元。更令人稱奇的是小梅大學學費、生活費都是自己賺的，居然沒有拿家裡一分錢，這簡直讓我們汗顏。

大學畢業後，小梅沒有找工作，而是在親戚的幫助下開了

一家小店,據說三年後就發財了,同學聚會時竟然開輛本田車來參加。五年還沒有到,她原來說的送 BMW 給老公的壯言,很多同學開始相信了。

小梅其實是一個很精明的人,父母擅長經商的特質在她身上發揮得淋漓盡致。她知道自己的特長是做生意,壓根就沒有想著將來成為上班族,結果畢業幾年後就成為成功人士,而大學時代成績比她高很多的其他同學,要麼拿著一個月兩三萬的薪資,要麼剛剛研究所畢業,焦頭爛額地找工作。

正如富蘭克林(Benjamin Franklin)所說:「寶貝放錯了地方就是廢品。」人生的訣竅就是經營自己的長處,這是因為經營自己的長處能使自己的人生增值,經營自己的短處會使自己的人生貶值。把自己想做什麼、能做什麼,社會需要什麼結合起來,綜合加以分析,找出最佳結合點,正確做出職業選擇,你就邁出了人生事業的第一步,成功就會向你招手。

每個人心裡都有一個英雄

美國有個喜願基金會,其原則很簡單:全美國患重病的孩子成千上萬,每一個孩子心裡都有一個願望;而我們每個人都有能力幫助這些孩子願望成真。有個男孩叫麥可・盧克,他年僅六歲,卻一直飽受囊腫性纖維化的折磨。他告訴爸爸媽媽,

第三輯　找出問題，面對問題，解決問題

他最想做的事情就是幫助別人。在這個小男孩的想像中，這個願望意味著一件事，成為一名超級英雄。

麥可心目中的超級英雄是蜘蛛人的老友甲蟲男孩，喜願基金會的工作人員為了實現麥可的這一英雄壯志而努力。一切準備就緒，一天清晨，正在吃早餐的麥可滿臉陰雲地抬起頭，發現每天在這個時段播出的卡通節目插入了一則緊急新聞報導，整座城市陷入了危機之中。「甲蟲男孩，」電視中的新聞主播苦著臉懇求道，「假如你能聽到我說的話，請你趕快現身，我們需要你的幫助！」父親永遠都不會忘記麥可從桌邊一躍而起的情景。他飛快地穿上自己的英雄裝，衝出大門。一輛鮮紅色的福斯金龜車就停在他家的車道上，金龜車是從當地一家租車公司借來的，警長的警隊就等候在車邊。

他的第一站是匹茲堡動物園。在那裡，麥可伸出他那隻戴著紅色手套的手，攔住了一輛呼嘯而來的觀光火車，救下了一名被困在鐵軌上的漂亮女孩。然而，綠惡魔卻藉機逃走了。甲蟲男孩繼續追趕，一路追到了大學校園。綠惡魔揚言要向匹茲堡大學的美洲豹吉祥物發射「有毒的足球」。當甲蟲男孩再一次粉碎壞蛋的陰謀時，早已收到電子郵件通知的大學員工們湧入體育場的看臺，齊聲為英雄甲蟲男孩歡呼。早已準備好的學校樂隊此時也一同走進操場，為甲蟲男孩演奏頌歌，該校的足球教練還走出來，親自感謝他為學校所做的一切。麥可頓時成了全校的焦點，直到大螢幕上播放出另一則來自綠惡魔的威脅：

他揚言要對全市的供水系統下毒。在臨近的市立公園裡，甲蟲男孩瞥到了綠惡魔的身影，這個大壞蛋正急匆匆地從噴泉旁邊跑開。這座噴泉一直都是全市人民最喜愛的噴泉之一，但此刻噴泉已經乾涸。只見甲蟲男孩抬起他那隻戴著綠色手套的手，隱藏在一旁的工作人員立刻打開閥門，清澈的水流頓時噴湧而出。

在匹茲堡的大街上，經過一番緊張的追逐後，在眾目睽睽之下，在大家熱烈的掌聲中，甲蟲男孩終於在市政大廳的臺階上與敵人綠惡魔短兵相接。綠惡魔準備了一箱炸藥，準備與眾人同歸於盡。在父親和諸位警察的幫助下，甲蟲男孩丟擲了一張大網，套住了這個作惡多端的大壞蛋，心滿意足地看著他被警察們戴上手銬。

這時，市長走了出來，親自向甲蟲男孩表示感謝，並親口宣布他就是這座城市的超級英雄。緊接著，來自「漫威」的蜘蛛人本人竟然親自現身，向甲蟲男孩表示衷心的祝賀。

根據喜願基金會的官方統計，至少有五百人參與了這次願望成真表演，幫助麥可實現了他的心願。時至今日，已經是一名高中生的麥可仍然對那神奇一天發生的每一件事都記憶猶新。當人們問起他最喜歡哪一部分時，他說道：「我真的很享受那種幫助人們，讓世界變得不同所帶來的刺激感和滿足感。」

每個人心裡都有一個英雄，都想成為英雄，但能夠實現夢想的人寥寥無幾。喜願基金會拯救夢想，滿足孩子們最誠摯的願

望,讓他們體驗到真正的快樂。這樣的組織沒有功利和爭執,沒有計較和不愉快,其善舉功德無量。

勇於向他人尋求幫助

從密西根大學畢業後不久,蘭德爾就在底特律最好的廣告代理公司之一羅伯特・所羅門聯合公司謀到了一份工作。入職後不到一週,蘭德爾就被公司的創意總監凱薩琳叫到了她的辦公室。凱薩琳端坐在她的辦公桌後面,儀態萬方,一隻手裡端著咖啡杯,另一隻手裡夾著一根香菸,用一側肩膀夾著話筒,同時還快速且有條不紊地向進出她辦公室的每個人交代工作任務。

蘭德爾就像一個聽話的小學生一樣,惴惴不安地走到她的辦公桌前。凱薩琳隨手拿起一張報紙,朝他晃了晃。蘭德爾的眼中立刻綻放出光彩:他的第一個重大任務,而且還是由他的上司親手交給他的。

「拿著。」她說,「把這個 schlep 節目現場。」說完,她就把一份廣告設計遞到了他手中。蘭德爾看上去就像是個來自中西部農場的大男孩,臉上稚氣未脫的他看起來就像被一個麵糰或馬鈴薯砸中了一樣,傻愣愣地站在那裡──他不知道 schlep 是什麼意思。他又在原地站了一小會,等待上司接下來的指示,

然而凱薩琳的注意力早已轉移到其他人身上。在禮貌地回答了一聲「好的，夫人」之後，蘭德爾回到了自己的位子上，靜靜地冥思苦想。可是，沒有任何頭緒的他思索良久後依舊一籌莫展。

「也許，是複印的意思？」他想，「又或者，把它拆解開來？」他開始動手研究這個詞語的含義。他先翻了翻自己的市場行銷課本，裡面沒有任何關於 schlep 的內容。他又打開各類廣告書，還是一無所獲。如果他詢問同事，這只會讓他看起來像個無知的白痴。試試 Google？結果依舊令他失望。

不然，直接去找他那個令人望而生畏的上司，告訴她自己不知道 schlep？如果他這樣做，一定會馬上被炒魷魚。「看來我不得不重返校園，去學法律了，」他心想，「我的這份工作算是徹底完蛋了。」在痛苦中煎熬了兩個小時後，蘭德爾整理了一下思緒，決心面對這一事實。他走進凱薩琳的辦公室，房間裡煙霧瀰漫，幾位廣告策劃正為了一位客戶的產品展示據理力爭，鬧哄哄的。

蘭德爾清了清喉嚨：「對不起，打擾一下，夫人。」誰也沒有聽到他的話。「夫人？」

「你有什麼事，孩子？」終於，這位創意總監注意到了站在她面前的這個一臉緊張的年輕人，開口問道。

「我，我不知道 schlep 是什麼意思？」

正如蘭德爾害怕看到的那樣，上司聽了他的話後立刻哈哈

第三輯　找出問題，面對問題，解決問題

大笑，甚至把杯子裡的咖啡都灑了出來。她撥通了公司大老闆羅伯特‧所羅門的分機號碼——她在電話裡告訴他，他們剛剛聘請了一個大傻瓜。當看到羅伯特本人推門進來的時候，蘭德爾瞬間便像石化了一般，整個人徹底呆住了。好吧，一切都結束了，他心想。

「羅伯特，」創意總監大聲說道，「這個新來的小孩不知道 schlep 是什麼意思。」

羅伯特大笑著搖了搖頭，此時此刻，身穿一套嶄新的布克兄弟牌西裝的蘭德爾看上去顯得更小更嫩。

「孩子，」過了好久，凱薩琳終於說道，「schlep 是帶來或帶到的意思。你只要把這個帶到節目現場就行了。別擔心，你在這裡會有出色的表現。當你不知道答案的時候，勇於開口提問是正確的做法。」蘭德爾記住了凱薩琳的話，不懂就問，很快就成了業務能手。他在公司裡表現出色，年底就獲得了升遷。

就在那一天，蘭德爾學到了樸實卻相當重要的一課。一場迫在眉睫的災難被他轉化成了一次贏得老闆青睞的絕佳機會。因為一個不懂的問題，憑藉著自己的無畏無懼，他沒有保持沉默，反而在基本常識的支持下鼓起勇氣開口提問，沒想到此舉反而使得老闆對他另眼相看。

不懂就問，暫時糊塗；不懂不問，一世糊塗。隨著時間的推移，一個人的能力也會與日俱增，而那些自己的不懂之處或是錯誤，不過是上天賜予我們學習和改進的機會罷了。誰也不

是先知先覺，上知天文下知地理，一輩子不求別人幫助是不可能的。因此，我們不妨學會拋開驕傲，向他人尋求幫助。這樣做可以避免發生那些足以破壞我們好意或幾週來辛勤工作成果的小災難。而且，無論你是老闆，還是公司裡最年輕的新人，這一點都是千真萬確的。

放棄眼前小利獲得長遠大利

姊姊從國外回來，在市場附近開了間中式餐廳。早上賣米粉湯、稀飯、饅頭和包子，中午、晚上賣中式餐點。這裡位於市場公園的後門，客流量還滿大的，尤其是節假日期間，生意很好。

開餐廳是老爸的主意。他有一個朋友姓張，外地人，在市立醫院附近開小餐廳，每天光中午就能夠有 10,000 多元進帳，食客川流不息，有不少賺頭。這還只是一個普通餐廳。老爸經常在那個餐廳徘徊，覺得自己也能夠經營。後來因為姊姊公司前景不太好，月薪不到 30,000 元，她離婚後一個人過得很是艱難，老爸就說服她辦了留職停薪，回家鄉來開餐廳。

姊姊開餐廳也有優勢，她很喜歡進廚房，平時就愛做特色菜給我們品嚐，開餐廳也算是興趣。再加上老爸老媽都退休在家，兩老可以為她臨時幫忙。

第三輯　找出問題，面對問題，解決問題

誰知市場附近的店面很不好找，最後是托熟人才找到這個店面，每月租金 15,000 元。這裡以前也是開餐廳的，鍋灶、炊具、桌椅也有一些，老闆要求以十萬塊轉讓，我們答應了。誰知買了以後，才發現好多東西都不能用，又陸續添置了冰箱、消毒櫃等物品，還高薪聘請了廚師，才算正式開了餐廳。

餐廳開張後，早上米粉湯的生意一般，我們都很著急。米粉湯是一種速食食品，上班族早上趕時間，有些會選擇吃米粉湯。

想要米粉湯好吃，關鍵是配料和湯頭要有獨特之處。湯頭食材要專門炒過，要炒出香味，當然離不了醬料、八角、茴香籽這些東西，配料一般就是肥腸、牛肉、炸醬和筍子，有些饕客還喜歡加上一份控肉，那味道就更好了。

著急不是辦法，老爸又跑到張叔那裡去取經，回來後就進行了改進，生意立刻大有改觀。

原來市場附近的消費水準較低，我們趕緊把賣得最好的一碗的米粉湯價格由五十塊調整到四十五塊，你可別小看這五塊錢，很多人慢慢地就變成了老顧客。另外，我們在食客等待餐點的間隙，借鑑中式餐廳的做法，倒上一杯茶水給客人，客人吃完米粉湯後可以漱漱口，免得蔥花、辣椒皮黏在牙齒上帶來尷尬。一杯茶水一個老顧客，尤其是那些愛美的女士對此舉大加讚賞。

雖然我們在經營上有一些小小的損失，利潤減少，但是顧客增加，餐廳的口碑上去了，營業額自然能夠節節高升。

其實服務業就是要比價格、比產品和比服務品質，多站在顧客的角度考慮問題，何愁不會顧客盈門、財源滾滾呢？這就是古老的商業智慧：捨得，有捨才有得。

其實我們做人也是這樣，學會捨得，必然能夠帶給自己的生活新的起色。捨得，並不是擺爛。因為這世界太大，大到無論你擁有如何大的能力也不可能獨得。所以要懂得學會放棄，用一種豁達的心，放棄那些不屬於你的一切，你會忽然發現你的上空變得晴朗無比。

懷著這份心，應該屬於你的就會悄悄地出現在你身邊。

讓思路轉個彎

一位教育科技集團總裁在一次演講中提到，他於1980年考入國立大學西班牙語文學系，期間患病（肺結核），休學一年，1985年畢業後留校擔任母校外語系教師。該總裁的人生經歷如果到此為止，那也是相當精采的。國立大學畢業，大學教授，這可是多少有志青年夢寐以求的身分啊！

然而在1991年9月，該總裁卻從大學辭職了，毅然投身到教育培訓業的洪流中來，並逐漸成功地站在了教育培訓業的前列。2006年，該教育科技集團在美國紐約證券交易所成功上市。2011年，該總裁榮登《富比士》（Forbes）世界富豪榜。該總裁說，他當時在大學的薪資每月四萬多塊，住在學校提供的十

第三輯　找出問題，面對問題，解決問題

平方公尺的宿舍裡。然而這點薪水根本不夠花，一家人隨時都覺得缺錢用。如果就在大學這樣的體制內待著，必須耐心地熬下去，等資歷熬夠了，才能循序漸進地升職等、漲薪資，這也是大多數教師的人生路線圖。然而該總裁改變了自己的人生軌跡，抓住了教育和培訓的發展契機，他成功了。

一個一平方公尺的水果攤，在國外各個大小不一的市場可謂恆河沙粒般數不勝數。然而誰能想到，十多年後，一個女人從這個水果攤起步，成為創業致富榜樣之一。她就是劉大姐。「我看到的都是機會，我說我走的每一步，腳下踩的都是黃金。」劉大姐身在水果攤，心卻跑了很遠。

2000 年，第一家外資超市入駐，劉大姐捕捉到了這個足以改變命運的商機，第一個為對方配送水果蔬菜。一年後劉大姐成了當地最大的超市水果供應商。之後，超市開到哪，劉大姐就跟到哪。但當她去外縣市供貨時，卻遭到幾家本地同行的聯合打壓，生意一時陷入困境。

劉大姐決定改變進貨管道來避免惡性競爭。她到柚子產區，向果農提出種柚子的花費她來墊付，所有柚子她都保證收購。從此這裡成了她的基地，她也成了果農的知心大姐。此後，劉大姐開發了 22 個種植基地，10 多萬農戶與她合作。從產地採購，低成本供貨，成了她的核心競爭力。到 2012 年，劉大姐在 28 個城市建立了配送中心，為 600 多家大型超市穩定供貨，年銷售額達到 6.9 億元。

如果一輩子都守著那個一平方公尺的水果攤,也許劉大姐這輩子也就混個溫飽而已,這也是大多數小商販的命運。然而劉大姐卻是其中的另類,她果斷改變經營思路,抓住商機,反而成就了自己的七彩人生。

在美國西部的淘金狂潮中,許多人都湧向西部,前仆後繼地瘋狂淘金。但也有少數聰明的人向淘金者賣水,淘金者用挖出的金子來交換水。幾年過去了,真正淘到金子的人沒多少,而在路邊向淘金者賣水的人卻都賺了大錢。最後,挖金的人大都死於飢渴,而賣水的人卻大多衣錦還鄉了。

思路決定出路,出路決定命運。很多人都把這句話背得滾瓜爛熟,奉為成功圭臬,然而在現實社會中,稍微碰到些許挫折,大部分人就開始抱怨,比如說社會不公平啦,自己命相不好啦,沒有貴人幫助自己啦等等,他們就是不在自己身上找原因。如果我們能讓思路轉個彎,像劉大姐、教育集團總裁和賣水者那樣,也許立刻就能峰迴路轉,收穫到成功的喜悅。

跳出禁錮思維的圈子

紐約有幢高層辦公大樓,租戶們向物業經理抱怨,電梯服務極差。他們說,上班時間高峰時,等電梯的時間太長了。因此,好幾家租戶威脅說要解除租約搬走。物業經理非常著急,趕緊找人想辦法。

第三輯　找出問題，面對問題，解決問題

　　他首先向一家從事電梯系統設計和運行的專業工程公司求助。工程師們在聽了對問題的描述後，花了時間調查，確認等電梯的時間確實有點長。於是，他們對經理說，有三種辦法可以應對當前的局面。一是增加電梯數量；二是把現有電梯換成速度快一點的電梯；三是引進電腦控制，要是這樣做，前面兩種辦法都可以不選。一般來說，舊電梯要先上到大樓的頂樓，然後再返回一樓。如果選擇第三種辦法，樓上沒人等電梯時，透過電腦控制就可以讓無人乘坐的電梯下到一樓。管理人員授權對此進行研究，以確定哪種是最佳方案。研究顯示，由於大樓年代久遠，上述工程方案都不便宜。工程師說，管理人員只得永遠忍耐這個問題了。

　　經理非常絕望，趕緊召集所有員工開會，希望集思廣益，能夠找到解決問題的方法，畢竟這關係到大家的經濟效益。大家七嘴八舌，提出了很多建議，但每個建議基本都被否決了。經理發現，有一位新來的員工約翰沒有發言，就問他有什麼高見。約翰紅著臉站起來，囁嚅著說，他沒有什麼高見，只有個簡單的方法不妨一試，說不定能化解這個問題。

　　約翰說，這幢大樓上班的多是年輕人，他們性子急，等待了幾分鐘就怨聲載道。關鍵是在這幾分鐘內，他們在電梯前無所事事，我們可以想個辦法讓他們一邊等電梯一邊愉快地度過這段時間。我們只需要在搭電梯的地方安裝兩三面鏡子，這樣一來，那些等電梯的人就可以看看鏡中的自己，整理一下妝容。

或者藉機看看別人,但是對方卻意識不到自己被人偷看了。經理採納了他的建議,鏡子很快裝好了,成本低廉,等電梯時間長的抱怨聲也隨之消失了。現在,大樓裡電梯走廊安裝鏡子的做法已是司空見慣,有的甚至會裝上一部液晶電視,播放廣告。兩者的目的,都是為了打發等待者的時間。

聯合利華引進了一條香皂包裝生產線,結果發現這條生產線有個缺陷:常常會有盒子裡沒裝入香皂。總不能把空盒子賣給顧客啊,他們只好請了一個學自動化的研究員設計一個方案來分揀空的香皂盒。研究員召集了一個十幾人的科學研究突破瓶頸小組,綜合採用了機械、微電子、自動化、X光探測等技術,花了幾十萬,成功解決了問題。每當生產線上有空香皂盒通過,兩旁的探測器會檢測到,並且驅動一隻機械手臂把空皂盒推走。有個企業也買了同樣的生產線,老闆發現這個問題後大為光火,找了個工人來說:「給老子把這個搞定,不然你給老子滾。」工人花了900塊錢買了一臺大功率電風扇在生產線旁邊猛吹,於是空皂盒都被吹走了。老闆大喜,重獎了他。

安裝鏡子、用電風扇這樣的辦法,既經濟實惠又管用,為什麼那些高學歷者想不出來呢?因為他們的思考已經僵化了,而智慧往往需要我們跳出固有思考模式,獨闢蹊徑,不按牌理出牌,如此必能收到奇效。

第三輯　找出問題，面對問題，解決問題

放棄即擁有，有捨就有得

2008 年北京奧運上，雅典奧運冠軍杜麗在女子 10 公尺空氣步槍決賽中，10 槍僅打出 100.6 環，獲得第五名，與冠軍失之交臂，也讓中國射擊隊的主場首金夢落空。杜麗在比賽後失聲痛哭。

自雅典奧運奪冠後，杜麗的狀態越來越好，她在各項國際大賽的賽場讓更多人認識了這位神槍手，在世界盃、世界盃總決賽、世界錦標賽等一系列國際頂級水準的較量中，杜麗無一例外地交出了傲人的成績單，摘取了世界大賽的「大滿貫」。而隨著前輩們紛紛收槍退隱，杜麗自然而然地成為女子 10 公尺空氣步槍的「一姐」。

賽前的杜麗，一直被大家看好。從報紙、網路等媒體，到射擊隊的教練，大家一致認為杜麗能夠完成這個歷史使命，這反而造成了杜麗巨大的壓力。事實上，正是奧運主場首金這個沉重的包袱壓垮了杜麗。

等了四年，如果杜麗能成功衛冕，當然可喜可賀。因為能夠參加奧運本身就證明了自己的實力。可是杜麗的對手，個個實力都不弱，真可謂強手如雲。別人都是為爭冠軍而來，而杜麗卻是為了保住這個冠軍。一爭一保，兩者在心態上就有很大的差距。

賽場如戰場。在有些經典戰役中，為了打敵人個措手不及，

指揮官經常讓士兵放棄輜重輕裝前進。士兵們沒有了負擔，就會在比速度中搶得時間，從而爭取到勝利。成者王敗者寇，這就是現實。如果你獲得了奧運冠軍，那麼你會發現，各種榮譽和光環讓你應接不暇。與之伴隨而來的，還有源源不斷的利益。

奧運是個名利場，然而名利是把雙面刃，可以激勵人努力打拚，也能讓人裹足不前。放下名利，以一顆平常心來打好自己的每一場比賽，勝不驕敗不餒，我想這是每一個奧運健將都應該具備的心態。因為放棄即擁有，只有暫時的放棄，才能最終品嘗到勝利的甘甜。

放棄即擁有，有捨才有得，我想這個道理不僅僅適用於杜麗。

不要過於追求完美

南宋時期，梅城縣知縣白某年過七旬，已經為官四十九年。按理說，他這麼大年紀了，早就該告老還鄉，含飴弄孫，享享清福了。可是白知縣總覺得自己精力充沛，還能為朝廷效力。白知縣為官多年，一直沒有冤假錯案發生，又不貪污賄賂，因此在當地頗得百姓擁戴。上級奏明朝廷，要求嘉獎白知縣，於是他獲得了一塊「百官楷模」的金匾。對於一個知縣來說，這塊匾額頗為不易。

這塊匾額放在縣衙大堂，公務之餘，白知縣總會駐足於匾

第三輯　找出問題，面對問題，解決問題

額前感慨一番。回首自己幾十年為官生涯，兢兢業業，如履薄冰，最終政聲遠颺，被老百姓譽為「白青天」，他不免有些沾沾自喜。白夫人見白知縣整天沉迷於過去的功績裡，就善意地提醒他：「人老了難免會犯糊塗，你能保證自己一輩子不出冤假錯案嗎？」白知縣說道：「老馬識途，我雖然年歲大些，但是辦案絕對不亞於那些年輕人。這樣吧，我再做最後一年，湊夠五十年整，我們就回老家去。」誰知時運不濟，在最後一年任期內，梅城縣城就發生了一起命案：「一個少婦被人在家裡強姦致死，而所有的證據都指向一位綢緞商人王某。此人也曾讀過一些聖賢書，但仗著家底殷實，為富不仁，在梅城縣就是一個西門慶似的人物。有街坊親眼看見他之前經常言語上調戲那名少婦，而且案發前還經過少婦家門口。」經過一番調查，白知縣將王某緝拿歸案，審訊之後，就押入大牢，準備秋後處斬。這件轟動全城的命案，就這樣了結了。卷宗上交到州府提刑官宋慈處，宋慈經過一番推敲，發現了許多疑點。於是親自到梅城調查，最終查明凶手另有其人，王某無罪釋放。經此一案，白知縣若干年的清名毀於一旦，若不是宋慈及時調查，查明真凶，那麼王某已經身首異處了。

　　人命關天，白知縣最終引咎辭職，戚戚然地離開了梅城縣，為自己的官場生涯畫上了句號。這都是白知縣過於追求完美的結果，為什麼一定要湊夠五十年官齡呢？為官四十九年有何不可？而且當時急流勇退，離開瞬息萬變的官場，豈不美事一樁？到

頭來晚節不保，反而落得一個樂極生悲的下場，這就是慘痛的教訓啊！

在我們周圍的生活中，有很多人都喜歡追求完美，結果往往適得其反，最終離自己的既定目標越來越遠。世上不如意者十之八九，十全十美的結局不是沒有，但絕對是鳳毛麟角。為了追求完美，為了超越別人，我們過得並不快樂，完美已經成為一個美麗的負擔，讓我們不能自拔。

為了使自己的情緒免受「汙染」，最好不要過於追求完美，因為很多時候，追求完美的人是跟自己的能力過不去，跟自己的健康過不去。瑞士學者研究發現，完美主義者更容易在生活中產生心理壓力，帶來健康隱患。他們的處事標準完全是自我強加的，如果完美主義者能使自身標準更貼近真實情況，那麼他們就能增強信心，並減少社會壓力帶給自身的影響。因此對於這些人來說，不妨降低一下標準，與自己妥協一下，使自己保持良好的情緒，要知道，健康比什麼都重要。

退一步海闊天空

那年我在一家酒廠做業務，透過一次機會聯繫上了一家白酒經銷商張老闆。他喜歡選擇那些有發展潛力的當地釀造酒，這樣的酒界黑馬稍加宣傳，就可以利用現有的銷售管道鋪貨，

第三輯　找出問題，面對問題，解決問題

從而獲得較高的收益。我們的酒廠正好符合張老闆的標準，達成協議後，酒廠派我去簽合約。臨出發前，酒廠提供了合約的樣本給我，要我嚴格按照上面的標準執行。也就是說，對於產品的出廠價，我是沒有決定權的。

到達後，我才知道，張老闆這次一共選擇了三家酒廠。簽合約時，張老闆卻突然提出產品的出廠價還要下調一點，不然就選擇其他家。我很為難，也很著急，趕緊打電話給廠長彙報。可是廠長卻態度堅決地說，出廠價他專門請人核算過成本，再讓步，廠方就沒有利潤了。其實我知道，不是沒有利潤，只是利潤少一點而已。我很遺憾地離開了。事後我打聽到，另外一家酒廠的廠長親自趕到現場，答應了張老闆的苛刻條件，並且提出可以讓經銷商先賣貨，後付款。他們的產品透過張老闆的銷售管道，逐步占領了中階白酒市場，並且收回了全部貨款。

我很惋惜，如果廠長妥協一下，不那麼固執，也許占領市場的就是我們了。人生何嘗不是這樣？人生總會遇到難題，而妥協不失為上策。妥協，是一種適度的彎曲。在困難與壓力面前適度的低頭是人的一種基本生存能力，在強大的壓力面前死撐硬拚只能帶來無謂的犧牲。妥協是一種屈服，但並非屈辱；妥協是一種請求，但並非乞求；妥協是一種軟弱，但並非卑賤。妥協與放棄無關，因其一波三折，反更顯執著。好比眼前一攤水，跨過去、跳過去，或者乾脆淌過去都可以，最多多洗一雙鞋，腳丫子難受一會。可是想一想，跨度不夠大，跳得不夠遠

的風險，還有那洗鞋和洗腳的時間，不如繞過去。繞過去的美妙在於把投入風險降到最低，而又能獲取同樣的回報。

我到菜市場買菜，常常是老闆出一個價，我出一個價，老闆說，你再高一點，我說你再低一點。他抬價我壓價，我壓價他抬價，雙方各讓一步，最後結果是：生意成交。人生也是一個菜市場，上帝向人出售快樂，出售幸福，出售成功，出售命運，我必須與上帝討價還價。我知道我無法實現理想人生，但我還能與還算過得去的人生成交。

當今社會，妥協是民主的精髓，是多數人的決定和對少數人的尊重。美國的參議院和眾議院通過提議的過程就是妥協的過程。妥協還是國際關係和外交的全部內容。不同民族、國家、文化要達成共識，沒有妥協幾乎是不可想像的。南韓人質事件的順利解決，就是南韓政府和阿富汗塔利班武裝分子妥協的結果。塔利班放棄用南韓人質和阿富汗政府交換囚犯，而南韓政府同意從阿富汗逐步撤軍，同時不再派人到阿富汗傳教。很難相信，如果按照美國的做法，堅持不與塔利班談判，也許那19名人質只能葬身在異國他鄉了。

妥協是一種智慧，妥協是你伸出一隻手，我伸出一隻手，我們握手言歡，求取人生的最大公約數。學會妥協，你就走上了成功的人生之路。

第三輯　找出問題，面對問題，解決問題

▍「大智若愚」不是真「愚」

明朝建文帝登基後，聽從齊泰、方孝孺等人的建議開始削藩。晉王、秦王等藩鎮親王死的死，被抓的被抓，一場鞏固皇權的爭鬥，變成了帝王家族內部的災難。到最後，僅僅剩下實力最強的燕王朱棣。燕王朱棣鎮守北平，維持了明朝北疆的和平與安定，蒙古人的鐵騎再也沒有踏進中原半步。燕王文韜武略，其才幹遠在朱元璋其他皇子之上，是朱元璋最為器重的兒子。朱棣原以為太子朱標死後，父親會將他冊封為儲君，可是朱元璋卻將朱允炆立為皇太孫，而其亦順利地登上皇位。

朱棣心中不服，朱允炆也知道他內心不服，遲早都會發動叛亂。於是他們先後調走了朱棣的謀士南軒公，削掉了他的兵權，將他的兩個兒子作為人質扣留在南京，並且安排了徐誠作為北平布政使監督燕王府的一舉一動，將軍鐵平控制了北平周圍的部隊。這時的燕王，真的是窮途末路，生命危在旦夕。在接到湘王臨死前送來的密信後，朱棣開始裝瘋，他鑽進王府的大魚缸裡，披散著頭髮在裡面游泳，抓住金魚就開始吃，並且大聲地叫喊著「我是東海龍王，我要見玉皇大帝」，或者「我是太上老君，我要見玉皇大帝」之類的瘋話。有時候，燕王還要到集市上去撒野，害得老百姓做不成買賣，一時輿論譁然。除了幾個心腹幕僚之外，所有人都被矇在鼓裡，就連王妃也毫不知情。

「大智若愚」不是真「愚」

　　燕王發瘋的事情，瞬間傳遍了北平城。其實這也在情理之中，所有的權力都被剝奪了，自己的兄弟們一個個被建文帝殺掉，而且還要不斷上奏摺，揭發這些被廢親王的罪行，擁護建文帝的削藩舉措。到最後，燕王肯定也是在劫難逃，因為大家都知道他雄才偉略，是建文帝的最大潛在對手。這樣的事情，放在任何一個人身上，都是莫大的刺激，那種死亡前的滋味不好受啊。這就是一場貓抓老鼠，等死的煎熬，不把人逼瘋才怪呢！

　　燕王發瘋，很快就被報到了南京。經過各方面消息的確認，建文帝相信了，產生了惻隱之心。對於一個瘋癲的人來說，跟死人又有多大區別呢。於是建文帝放鬆了對燕王的控制與迫害，誰知道燕王正是利用發瘋裝病在幫自己爭取時間。最終燕王憑著八百精兵，將建文帝從皇宮裡趕了出去，這才有了後來的明成祖。

　　兵不厭詐，裝瘋賣傻，有時候正是保命的良方。大丈夫能屈能伸，又豈會在乎那一朝一夕的得失呢？與此類似的，還有孫臏。孫臏被龐涓設計陷害去掉臏骨後，他開始裝瘋賣傻，撕毀辛苦寫就的兵書，整天傻兮兮的，時而哭，時而笑，時而叫。龐涓生性狡黠，恐其佯狂，遂命人將他拖入豬圈中，孫臏披髮露面，倒身臥於糞穢之中，大異常人。孫臏整日狂言誕語，或哭或笑，白日混跡於市井之間，晚間仍歸於豬圈之內。數日後，龐涓才相信孫臏是真瘋了。孫臏裝瘋避禍，最終得以逃脫

龐渭的控制,並且報仇雪恨。

裝瘋賣傻是一種藝術,是聰明人在自己實力不濟時向對手示弱爭取同情的緩兵之計。這算是大智若愚的一種表現。一旦此人裝瘋結束,那麼對手必將迎接一場暴風驟雨般的打擊,這也是裝瘋避禍的必然結局。

人生需要留個備胎

某個深夜我開車回家,途經市郊的隧道時,汽車突然發出哐啷一聲巨響,接著方向盤就有些失控。我趕緊放鬆油門減速,將汽車滑行到前方的一處加油站停下。直覺告訴我,前輪爆胎了,需要緊急停車檢查一下。

車內的朋友一下子著急起來:「這要怎麼辦?現在已經深夜十二點了,汽車修理廠也關門了,我們莫非要在這裡等到天亮?家人很著急,已經打了幾次電話。」看他們那心急火燎的樣子,我暗自好笑:「各位,你們不知道汽車都有備胎嗎?最多半個小時,我就可以把備胎裝上去,我們就可以回家了。」那幾個急性子又一下子歡呼雀躍起來,備胎真是太好了,這可真是有備無患。

於是,我打開汽車後車廂,取出備胎和工具,大家七手八腳地幫忙,很快就把備胎上好了,總算把這幫朋友安全地送回

了家。如果沒有備胎,這一路可真是不堪設想。

以前我喜歡騎摩托車旅行,整個縣市都被我跑遍了。有一次,我和老張騎摩托車去環島。本來我是走在前面的,老張和我相距不過五十公尺遠,我在後視鏡中就可以看見他。可是過了不久,老張就在我後視鏡中消失了。我的心一下子繃緊了,這小子難道出了什麼事,電話也不打。我趕緊掉頭回去找他。原來老張爆胎了,停在了路上。老張坐在地上一籌莫展,連電話也忘記打。還好我帶著一隻打氣筒,試了試,還可以打氣,可見輪胎受到的破壞並不大。

然而令人分外沮喪的是輪胎最多跑五里路又沒氣了,又得重新打氣。路上人煙稀少,跑十幾公里都難得見到一個城鎮,更不用說找機車行了。就這樣走走停停,我們總算到了市區,重新換了內胎才算去掉這塊心病。從此以後,每次騎摩托車出去旅行,我都要帶上一條內胎和打氣筒,直到前些年我把前後車胎都換成真空胎,這才免掉了爆胎的隱患。

汽車裝有備胎,騎摩托車出遠門帶條內胎和打氣筒,都是防患於未然,讓我們在突然出現狀況的時候不至於感到手足無措。凡事豫則立,不豫則廢,我們的人生實際上也需要準備一個備胎。人生就像大海中的一葉方舟,有了目標,才會有方向,有了補給,生命才得以延續;人生還像峰巒中蜿蜒前行的越野車,有了汽油,只是有了動力,有了備胎,才會擁有保障。

當今社會競爭激烈,優勝劣汰是一種常態。今天你可能還

是一位千萬富豪,豪宅和跑車伴你左右。明天如果你生意失敗,那麼這些物質享受都會離你遠去,說不定為了躲避債務,你還得東躲西藏。

然而只要你留有備胎,那麼你就有了東山再起的機會。

有備無患,讓我們都幫自己留一個或多個備胎吧!一個備胎一條路,也許一個備胎,就能讓我們在失意時扭轉乾坤,重新走向成功的彼岸。

留條路給別人

但丁(Dante Alighieri)曾說過:「走自己的路,讓別人去說吧!」這句話擲地有聲,不知鼓舞了多少有志青年。可是近年來惡搞風氾濫,有人把這句話改成了:「走自己的路,讓別人無路可走!」數字之差,意思大相逕庭,勾勒出一批人得意忘形的嘴臉。如果我們照此執行,必定會帶給自己和別人傷害。

在人生的漫長道路上,我們在學習、生活和工作中,會遇到不少競爭對手,這本來無可厚非。但是如果我們為了在競爭中勝出,不擇手段打壓對手,從而讓別人無路可走,這就不妥了。競爭之中,各方鬥智鬥勇,全力拚殺,但彼此之間應保留著一份起碼的相互尊重。競爭者都想打敗自己的對手,取得勝利,但是應該避免剝奪對手存在的基本權利。如果將競爭對手逼得太狠,那麼被逼急的兔子也會咬人。所謂得饒人處且饒人,

留條路給別人

如果競爭之中,留條出路給別人,那麼也就等於留了條後路給自己。

明朝時,蕪湖城內有兩大糧商汪真潤與曹伯才,每年的秋收季節,蕪湖地區的糧食收購幾乎被這兩家糧店壟斷。兩人一得江南,一得江北,倒也相安無事。可是汪真潤為收購到更多的糧食,也為了擠垮對手,將收購的價格上揚了許多,以致江北的一些農民都跑到了江南來賣糧。無奈,曹伯才只得將糧價上漲,可他只漲到與汪真潤給出的糧價持平,也就是向汪暗示他無意競爭,但汪卻再次提高糧價。忍無可忍之下,曹伯才開始反擊,抬高糧價並派人在江南拉攏顧客。就這樣,一來二去,雙方的損失都很慘重,只能導致兩敗俱傷。這是汪真潤逼人太甚的結果,也是他不懂得對人寬容就是對己寬容的結果。

商場如戰場,但是商戰也需要一個自由而有序的競爭機制,就是要遵守一定的遊戲規則。競爭是為了獲利,但如果競爭者為了滿足本人無休止的利益欲望,占盡了他人的利益,不讓其他人獲利,那麼這樣的競爭者只能獲利一時,不可能得利一世。

同仁堂藥店是數百年的老字號。能夠生存數百年而成為不倒翁,同仁堂一定有自己獨特的經營之道。晚清時期,時局混亂,生病需要抓藥的人相當多。同仁堂的名氣吸引了大量的客源,因此一直門庭若市,生意興隆。但同仁堂並沒有乘機大肆漲價,反而對於有些實在無力承擔藥費的百姓免費診治抓藥。有時,在自己藥店某項藥物緊缺時,同仁堂還會將顧客介紹到

第三輯　找出問題，面對問題，解決問題

其他藥店去。這樣，同仁堂不僅繼續保持了大量的客源，而且在同行中也獲得了相當的美譽度，成了業界領袖。

　　道理看起來簡單，如果其他人一點利益也沒有，還有誰會去與你打交道呢？世界看似紛繁複雜，其實說穿了就是利益的糾結。小到人與人之間，大到國家之間的交往，如果我們都能做到學會讓別人分享利益，時時留條後路給別人，那麼你會發現，你的朋友越來越多，辦事也會越來越順利，你的人生會越來越精采。

■ 第四輯 ■
暴雨後的彩虹最美麗

本輯編者　周禮

我們任何一個人都不要低估自己的能力，也不要過於迷信權威。世上之事，沒有什麼是不可能的，只要你盡力去做，成功的大門總是虛掩著的，輕輕地推開它，你就步入了成功的殿堂。

第四輯　暴雨後的彩虹最美麗

不要為打碎的花瓶哭泣

　　那天，窗外飄著陣陣零星細雨，傑克百無聊賴，只好與妹妹在家中玩起了捉迷藏。妹妹蒙著眼睛開始數數，傑克悄悄地溜到媽媽的房間，他打算躲到窗簾背後，誰知一不小心，撞到了放花瓶的桌子，只聽「啪」的一聲脆響，花瓶掉在地上摔碎了。

　　傑克見狀，嚇得面如土色，那是媽媽最心愛的一個花瓶，要是她知道了，一定會打斷自己的雙腿。傑克後悔不已，他想，那麼多好玩的遊戲，自己為何要玩捉迷藏呢？那麼多的地方可躲，自己為什麼要躲到窗簾背後呢？如果不玩捉迷藏，不躲到窗簾背後，花瓶就不會被打碎了。可是，一切都悔之晚矣，花瓶已經碎了。

　　現在該怎麼辦呢？傑克心中如一團亂麻，他首先想到了把責任推給妹妹，如果自己對媽媽說，花瓶是妹妹打碎的，媽媽一定會相信，那樣他就可以免除被懲罰了。可是，妹妹那麼小，那麼可愛，他應該保護妹妹才對，怎能將壞事嫁禍於她呢？

　　接著，傑克又想到了把責任推到那隻白色的波斯貓身上，牠整天在家中上竄下跳，打翻東西是常有的事，只要自己說幾句謊話，媽媽一定會相信的。可是，媽媽說過，如果波斯貓再打碎家中的東西，她就要將牠送人，他可不想因為一個花瓶，而失去自己最好的「朋友」。

　　最後，傑克想到了離家出走，他想等媽媽的氣消了再回來，

不要為打碎的花瓶哭泣

那樣媽媽就不會打他了。可是,自己從未出過遠門,也從未獨立生活過,並且身上只有幾個可憐的硬幣,他又能跑到哪裡去呢?一想到外面的小偷、強盜、騙子,傑克的心裡就發顫,還是算了吧,家裡可比外面安全得多,溫暖得多!想來想去,傑克毫無辦法,只能坐在地上大聲地哭了起來。

媽媽聽到傑克的哭聲,慌忙從廚房裡走出來,她關切地詢問傑克:「孩子,到底發生了什麼事?為何你哭得如此傷心呢?」傑克指著地上的碎片,啜泣著說:「媽媽,對不起!我打碎了妳心愛的花瓶。」雖然媽媽十分心疼她的花瓶,但花瓶與兒子比起來,又算得了什麼呢?於是她忍住心中的怒火,輕聲細語地安慰傑克說:「孩子,哭是不能解決任何問題的。花瓶已經碎了,無論你怎麼哭泣也無法讓它復原,你要做的不是在這裡傷心流淚,而是找把掃帚,把碎片清掃乾淨。」

經歷了這件事後,傑克明白了一個道理,那就是無論遇到多麼糟糕的情況,都不要為打碎的花瓶而哭泣,因為逃避、埋怨、煩惱、消沉、後悔都無濟於事,只有正確地對待自己的過失,並把目光朝前看,那樣才能最大限度地挽回過去的損失或失敗。後來,傑克用自己累積下來的零用錢,為媽媽重新買了一個花瓶,比之前那個還漂亮。

第四輯　暴雨後的彩虹最美麗

▌鷹曾是被拋棄的弱者

很久很久以前，在澳洲的一個小島上，生活著一群名叫長喙的鳥類，牠們以蒺藜的果子為食，世代繁衍。

島上生長著不計其數的蒺藜樹，足以滿足長喙鳥們生存的需求，所以牠們不必為食物而發愁，生活得無憂無慮，安適快樂。然而不幸的是，有些長喙鳥一生下來就帶著「殘疾」，牠們的嘴不像媽媽那樣長長的、尖尖的，而是短小鈍滯。要知道，長而尖的嘴是長喙鳥生存的工具和資本，因為蒺藜果渾身長滿了堅硬的刺，沒有尖長的嘴是無法啄開蒺藜果外面的殼的。如果失去了賴以生存的果實，牠們就只能被活活地餓死。為了與長喙鳥區分，我們暫且將這種帶「殘疾」的鳥叫短喙鳥。

通常短喙鳥在出生兩個月後，就會被媽媽無情地拋棄。許多短喙鳥在離開媽媽後不久就被餓死了。但也有一些堅強的短喙鳥，牠們不甘心命運的安排，決定放手一搏。牠們用短小鈍滯的嘴，嘗試著啄開蒺藜果。可是無論牠們怎麼努力，甚至嘴被刺得鮮血直流，依然無法啄開。而在這個島上，除了蒺藜果以外，又沒有別的食物可吃。於是，在萬般無奈之下，短喙鳥們帶著一身的傷痛飛離了這個小島。

短喙鳥們在海上盤旋著，發出一聲聲絕望的悲鳴。就在牠們餓得快沒有力氣時，突然欣喜地發現海面上有一些小魚在游動。牠們不顧一切地俯衝下去，以最快的速度，將一條小魚

叼在嘴中。儘管牠們十分討厭這種腥膩的味道，但為了生存，牠們還是皺著眉頭嚥了下去。靠著海上豐盛的魚群，牠們活了下來，也漸漸改變了以往的飲食習慣，從食果動物變成了食肉動物。慢慢地，牠們發現，其實肉食的味道並不比蒺藜果的味道差。

雖然牠們暫時有了棲身之所，但海上的生存環境十分惡劣，牠們的生活再度受到了嚴峻的考驗。為了能有力地生存下去，牠們不得不四處捕獵，獵物也不僅僅局限於魚類，凡是能搆得著的動物都成了牠們的捕獵對象。長此以往，在惡劣的生存環境下，短喙鳥練就了犀利的眼睛，強健的翅膀，剛猛的爪子，敏銳的觀察力，閃電般的速度，超凡的膽識。牠們從被拋棄的可憐蟲，蛻變成了翱翔天空的王者。後來人們幫牠取了一個好聽的名字，叫做鷹。

而島上那些自認為有著得天獨厚的條件的長喙鳥，因為島上氣候的變化，蒺藜果的消失，牠們也自然走向了滅絕。

原來，所謂的弱者，並非永遠都是弱者，只要不屈服於命運，勇於頑強打拚，哪怕是被人拋棄的「殘疾」，也能成為生活的強者。相反，那些仗著自己天生有優越條件而不思進取的人，他們最終會如長喙鳥那樣被社會的發展所淘汰。

第四輯　暴雨後的彩虹最美麗

▌短視與遠見

1923 年的一天，華特・艾拉斯・迪士尼（Walter Elias Disney）來到叔叔家裡。他準備開一家影視製作公司，但在資金方面遇到些問題，他希望叔叔能借給他一筆錢。為了取得叔叔的支持，迪士尼答應，無論叔叔出多少錢，都可以擁有公司一部分股份。這本來是一個很有誘惑力的承諾，但迪士尼的叔叔卻並不稀罕，他是一個很現實的人，從不作無謂的投資。那時迪士尼尚未成名，只是一個有著一腔熱血的普通青年，他的公司能支撐多久，沒有人能說得清。念在親戚的份上，他借給了迪士尼 500 美元，但條件是：拒絕入股，返還現金。

誰也沒有想到，幾年後，迪士尼的公司成了美國知名的企業，尤其是「米老鼠系列」和《三隻小豬》（Three Little Pigs）上映後，迪士尼名聲大噪，其公司股價直線上升。這時迪士尼的叔叔後悔極了，如果他當初選擇入股的話，現在他至少能夠擁有 10 億美元的財富。

與迪士尼的叔叔比起來，胡雪巖則是一個卓有遠見的人。25 歲那年，胡雪巖正在阜康錢莊當夥計。一天，他在茶館裡一邊喝茶，一邊聽別人閒聊，這時，從外面走進來一個與他年齡相近的落魄書生。雖然這個人衣衫破舊，滿面愁容，但看起來氣宇不凡。胡雪巖向來敬重讀書人，於是主動靠過去，與他攀談。

胡雪巖在交談中得知，這個人名叫王有齡，出生於官宦世家，但到了他父親那一代就沒落了，雖然他捐了個鹽運使，但那只是一個虛名，並沒有實際權力。此次他途經浙江就是為了進京求取功名，補個實缺。然而不幸的是，他的盤纏全部花光了，並且他的父親還病死在了杭州。現在他身無分文，舉目無親，不知該如何是好。

　　聽了王有齡的訴說，一股憐憫之情油然而生，胡雪巖決心幫助王有齡度過難關。在胡雪巖看來，王有齡並非等閒之輩，將來一定前途無量，如果能夠助他一臂之力，他定會感激涕零，報之以李。可是，自己也是一個窮困的夥計，又哪來那麼多錢幫助他呢？忽然，胡雪巖想起了自己剛收回來的一筆呆帳，一共有五百兩銀子，現在暫時還沒有任何人知道，不如將這筆錢拿給王有齡救急，等他補了實缺後再還，豈不是兩全其美？

　　當王有齡拿著胡雪巖送給他的五百兩銀票時，他簡直難以置信，感動得熱淚盈眶，只說了一句話：「我們萍水相逢，你怎麼對我這麼好呢？」胡雪巖笑答：「朋友嘛，本來就應該互相幫助，如今你有難處，我心裡十分難過，不拉你一把，我睡不著覺！」

　　事實上，胡雪巖看人真的很準，不久，王有齡便成功當了浙江糧臺總辦。王有齡發達後，償還了胡雪巖的恩情。後來，胡雪巖的生意越來越好，除錢莊遍地開花外，他還開了許多商舖，經營中藥、絲綢、茶葉、糧食等業務，其個人資產超過了

二千萬兩白銀，可謂富甲一方，難怪後來人們說：「為官須看《曾國藩》，為商必讀《胡雪巖》。」

不讓世界改變自己

多年前，有兩個年輕人去海邊玩耍，那時正值退潮，隨著一波一波的海浪漸行漸遠，海灘上留下了不計其數的貝殼和其他海洋生物。其中一個年輕人看見後，趕緊彎下腰，將那些未能跟著海水一起回到大海的貝殼一個一個地拾起，然後用力地拋向海水中。

對此，另一個年輕人感到十分不解，他好奇地問：「你這是做什麼，好玩嗎？」扔貝殼的那個年輕人回過頭說：「不是，我在拯救貝殼，牠們被海水沖到了岸上，如果我不將牠們及時送回大海裡，時間久了，牠們會全部死掉的。」另一個年輕人說：「你覺得這樣做有意義嗎？海灘這麼寬，即便你不吃飯，不睡覺，扔到明天早上，也拯救不了多少貝殼，與其像傻子一樣做無用功，不如好好地欣賞落日下的海浪沙灘。再說，海灘上這麼多人玩耍，你看，除你之外，還有誰在充當救世主呢？你就不要白費力氣了，浪費了這大好時光。」朋友的勸說並沒有讓他停下手裡的動作，他一邊忙碌著，一邊淡淡地回答道：「雖然我沒有能力改變所有貝殼的命運，但至少我可以改變上百個貝殼的命運；雖然我改變不了別人的意志，但至少我可以堅持自己

的想法，做自己喜歡做的事。在海灘上散步是一種享受，挽救貝殼的命運同樣是一種享受，反正我們也沒有別的事，何樂而不為呢！」另一個年輕人聽後不以為然，他嗤之以鼻地說：「那你慢慢享受吧！我還有別的事，就不陪你了。」

多年後，在海邊拾貝殼的那個年輕人成了著名的企業家，深受別人的尊敬和愛戴；而另一個人則一事無成，終日牢騷滿腹。

一個小小的細節就可能決定一個人的命運，改變一個人的人生。在這個世界上通常有兩種人，一種人在遇到困難時，總是為自己尋找退縮的藉口，還冠冕堂皇地說，別人都這樣，為什麼我不可以呢？而另一種人遇到困難時，總是盡自己最大的努力去做，能完成多少是多少，能改變多少是多少，並且從不抱怨，也從不計較其中的得失。

在生活中，我們每天都會面對許多的事情，而在具體處理這些事情時，我們常常會受到外界的影響和牽制。比如，大街上躺著一塊香蕉皮，有很多人從它面前經過，但大部分的人都選擇了視而不見，因為他們認為那不是自己丟的，憑什麼去撿；而有一小部分人，他們想也沒想，就將香蕉皮撿起，順手扔進了垃圾桶裡，因為他們認為這只是舉手之勞，沒什麼大不了的。

很多事情，做與不做，完全在人的一念之間。不做，你就成了一個隨波逐流的人，久而久之，你就會喪失掉自我，變得麻木不仁，聽天由命，完全處於被動狀態；而做了，你不僅不會

第四輯　暴雨後的彩虹最美麗

損失什麼，還會從中獲得經驗教訓，獲得勇氣與力量，獲得別人的感激與支持，更重要的是，你可能會影響身邊的許多人。因此，凡是我們認為對的事情，無論別人怎麼說，怎麼做，我們都不必理會，始終堅持自己的原則，將它認認真真地做好，即便我們改變不了世界，但也絕不讓世界改變我們。

▍喚山不如走過去

世界著名行銷大師柴田和子剛進入壽險界時，遇到了一位脾氣暴躁、刁鑽苛刻、蠻不講理的上司。這位上司每天板著一副嚴肅的臉，動不動就對下屬大呼小叫，不是訓斥這，就是訓斥那。要是遇到心情不好，他還會不斷地找碴，把所有的情緒都發洩到下屬的身上，大家幾乎每天都生活在恐怖之中。

那天，柴田和子高高興興地去公司上班，誰知前腳剛邁進辦公室的大門，就聽見支部長（上司）生氣地說道：「妳怎麼可以右腳先踏進辦公室呢？趕緊退回去，重新敲門進來。」柴田和子滿心委屈，忍不住問：「左腳先踏進辦公室和右腳先踏進辦公室有什麼關係，目的不都一樣嗎？」支部長沒有回答她的問題，而是大聲地罵道：「妳懂什麼！一個新來的菜鳥，按照我說的做就是了。」柴田和子生性好強，並不輕易服軟，她站在原處一動不動，打算與支部長進一步理論，她覺得即使自己犯了錯，也要知道錯在什麼地方。

> 喚山不如走過去

支部長見她沒有動，面子上十分過不去，怒不可遏地朝她吼道：「怎麼，想造反嗎？妳愛做不做，不做立刻捲鋪蓋走人。」柴田和子默默不語，她知道，跟這種人講道理是講不清的。支部長見柴田和子不說話，便挖苦道：「怎麼，妳想以沉默來對抗嗎？」

柴田和子的淚水奪眶而出，她忍不住傷心地哭了一場，隨後頭也不回地離開了辦公室，她決定就算去撿垃圾、掃大街，也不願再面對這個變態的上司。就在柴田和子準備寫辭職報告時，母親走了過來，她親切地對柴田和子說：「孩子，妳聽說過穆罕默德（Muhammad）喚山的故事嗎？」柴田和子搖了搖頭。母親繼續說：「曾經，穆罕默德對別人說，他能讓山移動到他面前，可是他連喚了三次後，大山歸然不動。於是，穆罕默德只好微笑著說，既然山不過來，那我就自己走過去吧！妳的那位支部長就如同擋在妳面前的一座大山，妳想要改變他，那根本不可能，唯一的辦法就是主動去適應他，因為喚山不如走過去。」

聽了母親的訴說，柴田和子恍然大悟，自己進公司的目的不是為了尋找一個溫和友善的上司，而是為了學習行銷的技巧，如果遇到這麼一丁點的困難就退縮，那自己這輩子能有多大出息呢？回到公司後，柴田和子誠懇地向支部長道歉，請求他的原諒，並下定決心去適應支部長的脾氣和管理模式。

其實，這位支部長除了脾氣不好和有潔癖外，他的身上還

第四輯　暴雨後的彩虹最美麗

是有不少的優點的，比如，經驗豐富，業務精湛，做事一絲不苟，看待問題敏銳、犀利等。從支部長的身上，柴田和子學到了很多的東西，為她事業的發展打下了堅實的基礎，可以說沒有這位苛刻的支部長，就沒有後來輝煌的柴田和子。

正是因為柴田和子秉承喚山不如走過去的原則，所以不管遇到多麼刁鑽的客戶，她總能想辦法去適應他們，說服他們。就這樣，僅僅過了幾年，柴田和子的業績就超過了日本的任何一位業務員，刷新了金氏世界紀錄，成為全球壽險界數一數二的頂級大師；而她的那些同事，要麼還在喋喋不休地抱怨著，要麼憤然地選擇了離開。

一張報紙的價值

一切的改變皆從那場車禍開始。那天，賀小萌放學回家，在一個十字路口，看見一個調皮的小男孩在路上玩皮球，玩著玩著皮球從小男孩的手中滑落，滾到了賀小萌的腳邊。正當賀小萌彎下腰打算幫小男孩拾起皮球時，他眼角的餘光突然看見一輛轎車正朝他們駛來。情急之下，賀小萌一把推開了小男孩。伴隨著一陣緊急的煞車聲，賀小萌像一片飄飛的枯葉般跌落在一丈餘外的地上，鮮血染紅了他的雙腿。

雖然那場車禍沒有帶走賀小萌的性命，但卻讓他失去了兩條腿。賀小萌在醫院裡足足躺了兩個月才出院。回到家後，

一張報紙的價值

賀小萌不得不每天坐在輪椅裡。一個年華正茂的青年失去了活蹦亂跳的雙腿,那是一件多麼殘忍的事啊!為此,品學兼優的賀小萌一下子沉淪了,他變得自暴自棄,沉默孤僻。除了動不動就對父母發脾氣外,他從來不與任何人說一句話。同學來看他,他用送來的禮物砸他們。父母勸他,他就絕食。他每天都把自己關在一間黑暗的房子裡,兩眼呆呆地望著天花板,誰也不知道他腦子裡在想什麼。見他這樣,母親終日以淚洗面,父親終日無可奈何地搖頭嘆息。

轉眼間半年過去了,又到了一年春暖花開時。一縷縷溫暖的陽光透過貼著報紙的玻璃窗戶投落在他那雙空蕩蕩的褲腿上,窗外幾隻小鳥歡快地叫著。也許是他在家裡悶得太久,也或許是春天的情愫感染了他,他第一次主動要求父親推他到外面去走走。父親露出了久違的笑容,像買樂透中了大獎似的,喜孜孜地將他推到了社區的花園裡。

此刻,花園內陽光明媚,垂柳依依,鳥語呢喃,空氣清新怡人,花香陣陣。賀小萌感到外面的世界是那麼的美好,心情前所未有的輕鬆。然而就在他沉醉於春天的美麗時,他猛然間觸到了人們看他時好奇的目光,這些目光猶如一支支利箭直插賀小萌的心臟,令他窒息,令他痛不欲生。

賀小萌的這一變化,很顯然被父親看在眼裡,但父親並沒有安慰他,而是順手從地上撿起一張廢報紙,親切地對賀小萌說:「孩子,你覺得這張廢報紙有價值嗎?」

第四輯　暴雨後的彩虹最美麗

賀小萌低垂著頭，一動不動地盯著地上爬行的螞蟻。他是多麼羨慕這些螞蟻，牠們有靈活的雙腿，可以自由自在地去想要去的地方。而自己就像一個廢人，每天除了吃飯，就只能坐在輪椅上消磨生命。他抬起頭，目光呆滯地望著父親，冷冰冰地說：「一張廢報紙能有什麼價值！」

父親沒有立即反駁他，而是將報紙鋪在地上，然後一屁股坐了下去。父親說：「孩子，你看，它是有價值的，它可以用來墊在地上，供人坐著休息。」接著父親又將報紙拿起來，津津有味地翻閱。父親說：「孩子，你看，它是有價值的，它還可以供人閱讀，供人消遣。」

雖然賀小萌覺得父親說的有些道理，但這跟自己有什麼關係呢？只聽父親繼續說道：「孩子，其實任何東西都有他存在的價值，比如一根草，一朵花，一片樹林，一隻螞蟻，一隻蜜蜂……這些東西看似卑微，但它們都是有價值的，對人類都有著不可估量的貢獻。孩子，你作為一個活生生的人，雖然不幸失去了雙腿，但你還有聰明的智慧，還有一顆善良的心，還有一雙勤勞的手，你完全可以做一個有益於國家、有益於社會的有價值的人。」

賀小萌望著父親充滿希望的眼神，堅定地點了點頭。從那以後，賀小萌不再整日將自己關在屋子裡，而是積極地幫助周圍的人，做著自己力所能及的事情。

推門的勇氣

那年,學校主管在沒有通知我的情況下,就為我報名了優質教課比賽。得知此事後,我誠惶誠恐,埋怨主管不該讓我去,我一個小地方的青年教師,既沒有淵博的學識,也沒有豐富的教學經驗,讓我去參加這麼重量級的比賽,別說拿獎,要是出個什麼差錯,豈不在全市的老師面前丟盡臉面?我強烈要求主管重新換人。

主管聽後,輕輕地拍了拍我的肩,滿懷信任地說:「小夥子,不要擔心,我們都看好你,你就全力以赴吧。」雖然我極不情願,但名單已遞交上去,無法修改,我只能硬著頭皮參賽。畢竟這不光牽扯到我個人,也關係到學校和地區教育主管部門的名聲,為此,我認真地作了一個多月的準備。

比賽那天,可謂群英薈萃,全市的教育專家、資深的業內同行,大家濟濟一堂,讓人望而生畏。來之前我已做好了充分的心理準備,我不是來拿獎的,我只是把這當作一次鍛鍊自己的機會,要是比得好,權當是運氣。要是比得差,就當是拜師學藝。

參加比賽的人都是各個地區的菁英,他們紛紛登場,演繹了一堂堂精妙絕倫的優質課程。快輪到我時,我的內心還是不免有些緊張。這時一位老教授的話在我的耳邊響起,當自己感到慌亂時,先做三次深呼吸,然後忘卻下面坐著的主管和專家,

第四輯　暴雨後的彩虹最美麗

心裡只有教課和學生。於是我試著調整自己的情緒，把要講的內容迅速地在腦海裡回憶了一遍，確認沒有絲毫的疏漏以後，我一下子放鬆了許多。我從容鎮定地走上講臺，神態自若地侃侃而談，以自己特有的教學方式，詼諧輕鬆的語言，贏得了臺下一片熱烈的掌聲。

比賽結束，我出乎意料地獲得了三等獎，儘管只是三等獎，但對於像我這樣一個二十多歲的年輕教師來說，已是莫大的成功。後來我才知道，我心中崇拜的那些老教師，其實他們在走上講臺時，同樣緊張得要命，同樣沒有十足的把握。

在領取獎盃和證書的那一瞬間，我突然想起了吉姆‧海因斯（James Hines）。在1968年的墨西哥奧運一百公尺賽道上，美國選手吉姆‧海因斯以9.95秒的成績，打破了歐文斯（Jesse Owens）1936年創下的10.03秒的紀錄。在之前的32年中，人們一直將歐文斯創下的紀錄當作神話，認為無人能再超越，包括海因斯也這樣認為。然而他卻奇蹟般地打破了這個神話，開創了奧運一百公尺比賽的新紀錄。當海因斯觸線的那一瞬間，他看到了指示燈上的數字9.95，他掩飾不住內心的激動，自豪地說，原來10秒這扇門不是緊鎖著的，而是虛掩著的。

看來，我們任何一個人都不要低估自己的能力，也不要過於迷信權威。世上之事，沒有什麼是不可能的，只要你盡力去做，成功的大門總是虛掩著的，輕輕地推開它，你就步入了成功的殿堂。

一個小販的遺言

多年前，我在一個偏遠的山區教書。學校坐落在一座林木茂密的大山中，風景十分秀美，可是交通非常不便，去一趟市場得步行三四個小時，平常所吃的菜多半都是學生家長送來的。

學校的設備十分落後，除了三間簡陋的教室外，還有一間狹小的辦公室，也是我的臥室。學校一共有三名教師，除了我是外地人外，另外兩名教師都是本地人，每天放學後他們都要回自己的家。白天的時光比較好應付，除了上課，批改作業，還可以和兩個同事聊聊天。但晚上的日子就難熬了，那時沒有電視，連電燈也沒有。通常放學後，我先到後山吹一陣笛子，隨後再去山下的河邊坐坐，等到天快黑時再回到宿舍裡。

那年月，鄉間時常有小販出沒，他們挑著一個擔子，走訪大街小巷，賣些日用品什麼的。其中有一個叫張老三的小販，每個星期都會在這一帶叫賣。路過的次數多了，彼此便熟識起來，偶爾買了東西，也站在一起說說話，閒話家常。張老三年約四十歲，長得憨厚老實，臉上黑黑的，額頭上的皺紋很深，說起話來像機關槍似的。

有一個週末，張老三正好路過這裡，我問他能不能幫我帶一部收音機。張老三嘿嘿地笑著說，沒問題，我每個月都要去城裡進一次貨，到時順便幫你帶一部，絕對不賺你的錢。我聽後十分歡喜，隨即將買收音機的錢交給了張老三。那時的薪資

第四輯　暴雨後的彩虹最美麗

很低,買這個收音機幾乎花去了我大半年的積蓄。張老三臨走時又補了一句,您放心吧,下個星期我就可以幫您帶回來。

週一的早上,我向同事說起了此事,他們聽了後都埋怨我說,你太老實了,怎麼能先把錢給他呢?他一個到處跑的小販,要是拿著錢跑了,你上哪裡去找他呀!我解釋說,請別人帶東西,怎麼好意思讓人家墊錢呢?而且看他人挺忠厚的,又經常在這一帶出沒,應該不至於如此吧。同事嘆息說,人心隔肚皮,還是慎重些好。

同事的話不無道理,畢竟這不是一個小數目。我隱隱有些擔心,說實在的,要是張老三從此不再來這裡賣東西,我還真找不著他,我根本不知道他住在什麼地方,甚至連他的真實姓名也不知道。

一連幾天,我都守在校門口等著張老三的到來,可是一個星期過去了,張老三的半個影子也沒見到。我安慰自己,張老三不是那樣的人,他可能是最近有事情忙不開,過一段時間就會來的。然而一個月過去了,還是不見張老三的蹤影,看來真的印證了同事說的話,我徹底失望了。

半年後,我因受不了山裡的艱苦生活,逃回了自己的家鄉,也漸漸將這件事情淡忘了。

多年後,我再次來到曾經教書的地方,這裡早已成了觀光區,學校面目一新,不僅蓋了綜合大樓,而且還來了許多年輕的大學生。這所學校的校長,正是我當年的一個同事,見到我

時，他十分激動。一陣寒暄後，他突然像想起什麼似的，隨即從家裡取來一部收音機遞給我說：「這是當初你請張老三帶的，後來是他兒子送來的，我一直替你保管著。」

原來，張老三那次回去後，就一病不起，在家裡躺了大半年，但最終還是離開了。臨死前，他一再叮囑他的兒子，一定要將這部收音機送到。他還說，一個人最重要的就是誠信，答應了別人的事，一定不能食言。

拿著那部如今只能算做「文物」的收音機，我心裡久久不能平靜。

澳洲的蒼蠅

一提到蒼蠅，人們自然就會產生一種厭惡感。當然了，因為蒼蠅終日在變質的食物、垃圾堆和臭水溝上面爬來爬去，人們一不小心就會被傳染上疾病，因此大家見到蒼蠅要麼厭煩地躲開，要麼狠狠地將牠拍死。

然而在澳洲，蒼蠅卻是人們喜歡的小動物，並被印製到了50元面值的錢幣上，受到與偉人同等的尊崇。也許有人覺得這太不可思議，難道是澳洲人的某根神經出現了問題？或是他們想拿這種骯髒的動物來提高自己的抗病能力？答案當然不是，在澳洲蒼蠅不但不會傳播疾病，而且還是一種對人類有益的昆

第四輯　暴雨後的彩虹最美麗

蟲,其作用跟蜜蜂差不多。

是什麼原因致使生來就喜歡骯髒和惡臭的蒼蠅改變了牠們的生活習性,變得美麗、潔淨、高貴了呢?原來是勤勞質樸的澳洲人民。

在很早以前,澳洲的蒼蠅也像其他國家的蒼蠅一樣,喜歡生活在骯髒汙穢的場所,並且蒼蠅的數量多得驚人。為了避免蒼蠅傳播疾病,帶給人們災難,每個澳洲人都自覺地行動起來。

他們首先從自身做起,養成良好的生活習慣,認真地做好個人和家庭的衛生,接著他們又不遺餘力地將公共場所藏汙納垢的地方一個一個地清除。最後在整個澳洲,除了湛藍的天空,悠悠的白雲,遍地的鮮花,再也找不到一個可以讓蒼蠅寄生的地方。

蒼蠅失去了賴以生存的沃土後,被迫改變原有的生活方式,靠吸食植物的漿汁生活。隨後,澳洲的蒼蠅索性學起了蜜蜂,以採食花蜜為生,並一代代地傳襲下去,最後澳洲的蒼蠅徹底改變了以往的生活習性,成了受澳洲人尊敬的朋友。

這個故事帶給我們許多的啟示。比如,在生活和工作中,當我們遭受到別人的非議和排斥時,最好別遷怒和報復他人,不妨學學澳洲人,一遍又一遍地反思自己的行為,看看自己哪些地方做得不夠好,哪些地方需要改進和完善,哪些言語和行動傷害了他人。這樣我們把自己身上的汙垢一個一個地去掉了,別人還能說什麼呢?興許先前對你指手畫腳的人還會成為你的

朋友，成為你合作的夥伴，將你推至事業的巔峰。

其實，許多東西都可以改變，敵人可以成為朋友，逆境可以化為順境，醜陋可以裂變為美麗，骯髒可以轉化為潔淨，低賤可以昇華為高貴⋯⋯蒼蠅都可以改變，我們還有什麼不可以改變的呢？

感悟生命的真諦

春花凋落，有再綻之時；樹葉黃了，有再綠之時；太陽落山，有再升之時。然而，人的生命只有一次，不再重來。我們感嘆時光匆匆，歲月無痕，青春易逝，人生易老。多少人想挽住時間的巨輪永保青春，但又有誰能真正做到不老呢？空留一腔無奈，化作惆悵，在寂寥的午夜星空下獨自憂傷。

處在不同年齡階段的人，對生命有著不同的認知和理解。人年輕的時候，生命總在燈紅酒綠中揮霍，在各式各樣的誘惑中迷失，在渾渾噩噩、碌碌無為中隨風而逝。我們天真地認為生命無窮無盡，死亡離我們遙遠無比。那時，時間充足，精力充沛，思想活躍，記憶力強，但我們卻什麼也沒做；當我們步入中年時，驀然回首，才惶恐地發現自己的青春不在，韶華一去不復返，昔日穿著開襠褲的小孩，如今已長大成人，一天天變老。此刻，我們才真正理解了「光陰似箭，日月如梭」的內涵；當我們步入老年時，再回過頭看看自己走過的路，竟發現沒

第四輯　暴雨後的彩虹最美麗

有一樣值得自己驕傲的東西,更無隻言片語留予後人,留予後世。於是痛苦地陷入「少壯不努力,老大徒傷悲」的境地。

從我們呱呱墜地的那天開始,上天就賦予了我們生命,但也注定了我們只是生命中的一個匆匆過客。時間就像一把利刃直插我們的心臟,每翻去一張日曆,死亡之神就會近一步。當身邊的親人一個個離我們而去時,我們才真正體會到生命的短暫。

在當今社會,疾病、天災、意外事故、戰爭,還有恐怖殺戮,隨時都可能在你毫無防備的時候悄悄向你襲來,置你於死地,讓我們感到生命是那麼的脆弱而又無常。然而,儘管我們無法預測生命,但我們能把握生命,自主掌控活著的每一天,去做自己想做的事,去實現自己該實現的夢想。不求得到別人的欣賞,但求做一枝孤芳自賞的蠟梅,散發出一丁點的幽香,告訴這個世界自己曾在這裡踏足過,愛過,恨過,此生沒有白活。

如何在有限的生命裡,釋放出自己無限的光彩呢?這也許正如雨果(Victor Hugo)所說:「誰虛度年華,青春就會褪色,生命就會拋棄他們。」生命存在的意義不是以時間的長短而論,如果庸庸碌碌虛度一生,即使活一百年,那又有什麼意義呢?生命的意義在於奉獻,在於不息的奮鬥,唯有奉獻和不息的奮鬥才會為青春增色,為生命添彩。

讓我們珍惜生命，善待生命，快樂而自由地生活，不因虛度年華而悔恨，不因碌碌無為而羞恥。

居禮夫人的兩把椅子

西元 1895 年 7 月 26 日，二十八歲的瑪麗・斯克沃多夫斯卡（Maria Skłodowska，後來，人們習慣稱她為居禮夫人）與皮耶・居禮（Pierre Curie）在巴黎郊區梭鎮結為夫妻。他們的婚禮十分簡單，並不像人們想像的那般隆重，沒有高雅的樂隊，沒有繁雜的儀式，除了幾位至親好友的祝福，沒有什麼值得別人羨慕的。他們的新房也不像人們想像的那般豪華，房子是一座坐落在漁村的農舍，家中除了一張普通的床、一張普通的桌子、兩把普通的椅子，再沒有別的家具。

也許你會認為，居禮夫人家太窮，買不起家具，或認為居禮夫人過於節儉，捨不得花錢。其實不然，在結婚前，皮耶的父親就打算送一套高級的家具作為他們結婚的禮物，但被居禮夫人婉言謝絕了。對此，皮耶很不理解，他覺得家中只有兩把椅子實在太少，想要再添置些，以免家裡來了客人沒地方坐。居禮夫人勸阻他說：「親愛的皮耶，椅子多一點是會帶來方便，但是，客人坐下來後就不走了，我們要花費許多無謂的時間來應酬。與其這樣，還不如兩把椅子好，你一張，我一張，沒有外

第四輯　暴雨後的彩虹最美麗

人打擾，我們可以一心一意地做實驗，做研究，你不覺得這挺好嗎？」

聽了居禮夫人的訴說，皮耶方才明白妻子的一番良苦用心。於是，他遵從了居禮夫人的意見，沒有再增添一把椅子。果然，當人們來到居禮夫人家後，見家中連一把坐的椅子也沒有，只得匆匆忙忙地離開。因為他們實在不願意自己坐著，而讓居禮夫婦站著，也不願意自己一直站著，以俯視的方式跟居禮夫婦講話，這都會讓他們很不自在。

少了俗事的紛擾，居禮夫人得以全身心地工作，她將自己大部分的時間和精力都投入到了科學研究中。皇天不負苦心人。居禮夫人在事業上取得了巨大的成功，先後獲得諾貝爾物理獎和諾貝爾化學獎，成為科學界的神話。居禮夫人能取得這樣輝煌的成就，可以說那兩把椅子功不可沒。

在巨大的榮譽和金錢面前，居禮夫人表現得十分淡定，就像她當初只要兩把椅子一樣，為了避免記者的糾纏，居禮夫人不得不喬裝打扮，躲到鄉下居住，因為她需要安靜，需要繼續工作。儘管如此，還是有記者找到了她，無可奈何的居禮夫人只好嚴肅地告誡記者說：「在科學上，我們應該注意事，而不應該注意人。」對於金錢，居禮夫人同樣視若糞土，她毫不猶豫地放棄了鐳的專利申請，並把千辛萬苦提煉出來的、價值高達 100 萬法郎以上的鐳，無償地贈送給了研究治療癌症的實驗室。如果當初居禮夫人申請了鐳的專利權，她所擁有的財富也許不會

亞於今天的比爾蓋茲。但居禮夫人沒有這樣做,而是第一時間將這一偉大成果毫無保留地公之於世。居禮夫人說:「榮譽就像玩具,只能玩玩而已,絕不能看得太重,否則就將一事無成。」她做研究不是為了榮譽和名利,而是為了全人類的進步。

皮耶因車禍去世後,他坐過的那把椅子,就成了居禮夫人永恆的懷念。看到那把椅子,就想起了與皮耶工作和生活的點點滴滴。居禮夫人將自己的一生奉獻給了科學事業,而那兩把椅子也陪伴著她終其一生。

理想與現實

在很久以前,有兩個年輕人去遠方追尋自己的理想,不幸的是他們中途遇到了強盜,不僅身上的錢和糧食被打劫一空,而且還在逃亡的過程中迷失了方向。他們走了兩天兩夜也沒有走出去。這裡前不著村、後不著店,荒無一人,他們滴水未進,餓得奄奄一息。

就在這時,上天派了一位慈善的長者來幫助他們。長者將一根釣魚竿和一簍鮮活的魚放在地上讓他們選擇。兩個年輕人欣喜過望,有了其中任何一樣東西,他們就可以活下來。可是選擇什麼好呢?經過一番深思熟慮後,其中一個年輕人選擇了魚竿,他的理由是,有了魚竿,可以釣到更多的魚,就不用擔心以後的日子了。而另一個年輕人選擇了魚,他的理由是,

第四輯　暴雨後的彩虹最美麗

現在餓得前胸貼後背，最要緊的是保住性命，其他的事等以後再說。

就這樣，兩個年輕人分別擁有了魚竿和魚。選擇魚的年輕人用嘲笑的眼神望著選擇魚竿的年輕人，心想，真是個傻子，在這裡魚竿有何用？而選擇魚竿的年輕人用鄙夷的目光看了一眼選擇魚的那個年輕人，心想，燕雀安知鴻鵠之志哉？我們走著瞧吧！

兩人分道揚鑣後，擁有魚的年輕人就地生起了一堆火，將魚穿在一根木棍上烤熟。他美美地飽餐了一頓，愜意地睡了一個大覺。然而，好景不長，他擁有的魚很快就吃光了，可前方的路依然茫茫無邊。短暫的歡愉換來的是無盡的痛苦，年輕人最終沒能走出困境，餓死在了魚簍邊。臨死前他十分後悔，心想，當初為什麼我不選擇魚竿呢？有了魚竿何愁沒魚，何愁沒有出路。帶著無限的眷戀，他不甘心地閉上了雙眼。

擁有魚竿的年輕人心中有了信念，他忍受著一陣陣飢餓的侵襲，日夜兼程，艱難地向前行走著。他想，有了魚竿，只要找到一條小河，或一個池塘，他就有希望了，所有失去的東西都會在不久的將來找回來，他會擁有別人擁有的一切。然而，這位年輕人的運氣實在太差了，當他好不容易看到大海時，卻耗盡了全部的精力，沒有一丁點力氣垂釣，最後他餓死在了海灘上。臨死前，他非常後悔，心想，如果當初自己選擇魚，就

不會有今天的下場了。帶著無限的眷戀，他也不甘心地閉上了雙眼。

兩個年輕人的結局令人扼腕嘆息。如果選擇魚竿的那個年輕人與選擇魚的那個年輕人能走在一起，先利用現有的魚，度過眼前的難關，然後來到大海，再利用魚竿一同打拚，那樣他們不但都能活下來，而且還可以過上幸福的生活，可遺憾的是他們選擇了各奔東西。

生活中，有理想的人很多，然而真正成功的人卻很少，這是什麼原因呢？排除其他因素不說，單就理想而言，有的人好高騖遠，不切實際；有的人目光短淺，只看到了眼前的利益；有的人畏首畏尾，中途退卻；有的人滿腔壯志，卻從不付諸行動；有的人貪得無厭，作繭自縛；有的人德才兼備，但南轅北轍……而只有那些將理想與現實很好地結合起來，一切從實際出發，一切從所處的環境出發，一切從自身的能力出發的人，最終才能走向成功。

第四輯　暴雨後的彩虹最美麗

■ 第五輯 ■
別急，先了解自己再出發

本輯編者　沈岳明

「金無足赤，人無完人」，一個人只有真正了解自己的優點和長處，認清自己的缺點和不足，才能準確地定位自己，揚長避短，完善自我，真正實現自己的價值。

第五輯　別急，先了解自己再出發

認清自己，看懂他人

跟許多大學生一樣，美國青年喬・麥庫姆斯（Billy Joe Mc-Combs）大學畢業後，也同樣面臨找工作的問題。

第一家公司的人事主管在看了喬・麥庫姆斯的履歷，並與他進行了簡短交流後，便許諾給他月薪 2,000 美元。這在 30 年前的美國，可是一般白領想也不敢想的高薪。但喬・麥庫姆斯卻毫不猶豫地拒絕了。

同伴都不解，對於一個沒有任何職場經驗、剛畢業的大學生來說，能拿到這麼高的薪水，還有什麼不滿足的呢？喬・麥庫姆斯說：「正因為我是一個剛畢業的大學生，沒有任何職場經驗，所以我不能拿這麼高的薪水。出現這種情況只有兩種原因，一種是我的履歷有問題，我欺騙他們說，自己是高級工程師。第二種是他們是騙子公司。現在我明確地知道，自己沒有欺騙他們，所以我確定，他們是一個騙子公司。」

不久，喬・麥庫姆斯便從報紙上得知，那確實是一家騙子公司。那家公司之所以給那些剛畢業的大學生開出高薪，正是看出了他們沒有任何職場經驗，他們幼稚地成了公司的幫凶，公司事發，他們也自然受到了牽連。

後來，有同伴問喬・麥庫姆斯是怎麼知道那是一家騙子公司的。喬・麥庫姆斯說：「事實上，我也不清楚他們就是騙子公司，我只不過是認清了自己而已。」

還有一家公司,一個經理將喬‧麥庫姆斯拉到一邊,小聲說:「只要你給我 5 萬美元,我保你一年之內坐上主管的位置。」那是一家著名的大公司,能夠在那裡當一名職員,已經是非常榮幸的事了,何況是當主管?

但喬‧麥庫姆斯再次拒絕了。後來,喬‧麥庫姆斯居然在一家小公司當了一名雜工。不少人不理解,這麼好的機會不抓住,偏偏要去一家小公司當雜工。但喬‧麥庫姆斯卻絲毫不覺得惋惜。果然,不久後,那個經理被開除並收監,一起的,還有那些賄賂經理的人。

又有人不解地問喬‧麥庫姆斯,究竟是怎麼知道那又是一個陷阱,並且成功地逃過這個劫難的?喬‧麥庫姆斯說:「我也不知道那是一個陷阱,我只不過是看懂了那個人不是好人而已。」正是因為喬‧麥庫姆斯始終能夠認清自己、看懂他人,所以後來他的事業一步一個腳印,並最終上榜美國富豪榜前 400 名。

認清自己,看懂他人,說起來容易,做起來難。如果身處局外,人們很容易便能分辨出來,可是一旦身臨其境,尤其是面對誘惑時,很多人都無法做到不高估自己,不被他人戴的金面具所迷惑。

第五輯　別急，先了解自己再出發

找到你的隱形翅膀

泰勒極不滿意自己的形象。他的母親在懷著他的時候，因誤食了藥物，使泰勒一出生便是畸形。不但矮小，而且駝背、唇裂、短臂短腿，再配上一對天生的招風長耳，那模樣光用難看來形容恐怕還不夠，更確切地說是滑稽。因為只要是第一次見到泰勒的人，無不笑得岔了氣。

為此，泰勒很是自卑，他恨父母給了他難看的容貌，更恨那些取笑他這副長相的人們。他沒有朋友，也沒有哪個女孩願意跟他交往，年過三十，泰勒還沉醉在酒精裡，自暴自棄地度日。泰勒曾經兩次自殺未遂。一次是他準備開瓦斯自殺，另一次是在大冬天跳進了屋前的河水裡，都被他的母親及時叫人將他救起。他對父母說，他這輩子是沒希望了，他的父親見他這樣，除了唉聲嘆氣也毫無辦法。

只有他的母親堅信，他不是一個廢人。母親說：「他跟別人一樣，也有一雙會飛翔的翅膀，只是現在他的翅膀還沒有足夠豐滿，沒有足夠的力量飛翔，我相信，總有一天他會飛起來的。」泰勒的父親說：「妳就別再自欺欺人了，別人家的孩子，像他這樣年齡的，有的都當上了公司老闆，就算是再差的也已經成家立業、娶妻生子了。妳看他，我們還能指望他什麼呀？」

泰勒也不相信母親的話。他說：「別人哪一個不是生得高大威武，我卻還沒有一個凳子高。別人都有一雙長腿，一雙長

臂，而我卻有一雙長耳朵！」泰勒氣急了，還用刀砍自己的耳朵，他覺得那雙長耳朵是父母給他的最大的恥辱。可是，母親卻說：「孩子，你不懂，我敢肯定，你的那對長耳朵是上帝送給你騰飛的翅膀，只是上帝將它裝錯了地方而已，但它並不影響你飛翔！」母親的話成了泰勒最後的安慰。

有一天，當剛喝完酒的泰勒又在街上閒逛時，突然遇到了一個人。一般認識他的人都已經習慣了他的模樣，所以表現得很平靜，而那個人是第一次看到他，所以當時便忍不住捧腹大笑起來。泰勒勃然大怒，他最見不得人如此笑話他，所以衝上去要跟那人拚命。由於長得矮小，而那人卻生得高大，他只好跳起來用巴掌去打那人的臉。泰勒滑稽的模樣讓那人笑得更加厲害了。

最後，那人的同伴跟泰勒說明了真相。原來那人竟然是大名鼎鼎的導演他正在拍攝的一部影片裡，剛好需要一個像泰勒這樣的喜劇角色。泰勒的形象和他剛才的表演令大導演大為讚賞。當大導演說要請泰勒去當演員時，他不敢相信地問：「這是真的嗎？像我這樣一個醜陋無比的人，怎麼能上螢幕當演員呢，你沒有搞錯吧？」

泰勒果然不負大導演的厚望，以他滑稽的表演贏得了觀眾的掌聲，一夜之間便聞名天下。特別是他的那對長耳朵，很多小孩子只要一見到他抖動耳朵，便興奮得大聲尖叫，還故意將自己的耳朵拉長，學著泰勒的模樣跟同伴逗樂。泰勒成為了孩子

> 第五輯　別急，先了解自己再出發

們的偶像，而他的那對長耳朵還真的像一對會飛的翅膀一樣，將他帶進了一個光明的世界。

當泰勒將父母接到一棟大別墅裡跟自己一起居住的時候，泰勒問母親：「您當年怎麼知道，我的長耳朵是上帝送給我的會飛翔的翅膀呢？」母親笑著說：「其實我們每個人都會得到上帝贈送的翅膀，那就是對生活的熱愛和追求成功的信念。」

成功的兩種方法

生於西元 1831 年的英國物理學家馬克士威（James Maxwell），少年時的夢想是當作家。雖然他的智力特別高，15 歲時便考上了愛丁堡皇家學院，但他在寫作上卻總是不得要領。

最終，馬克士威決定修改自己的夢想，他要放棄寫作，轉攻物理學。對於馬克士威來說，物理學可比寫作容易多了，由於在物理學方面的成績突出，他很快便被劍橋大學聘為教授。最後，馬克士威成為了與牛頓齊名的物理學家。在科學史上，人們稱牛頓把天上和地上的運動規律統一起來，實現了第一次統一；而馬克士威則是把電、光統一起來，實現了第二次統一。

馬克士威在西元 1873 年出版的《電磁通論》（*A Treatise on Electricity and Magnetism*），也被尊為繼牛頓《自然哲學之數學原理》（*Philosophiæ Naturalis Principia Mathematica*）之後的一部最重要的物理學經典。也就是說，馬克士威是在修改夢想之後才

取得成功的。

與馬克士威同時代、生於西元 1835 年的美國作家馬克‧吐溫（Mark Twain），少年時的夢想也是當作家。由於家境貧寒，16 歲那年，馬克‧吐溫便當上了工人。也正是從那時起，他開始了寫作。可是，雖然他的經歷坎坷，所遭遇的社會也相當複雜，並不缺少寫作素材，但因為他的教育程度低，所以總是寫不出像樣的作品來。為此，馬克‧吐溫苦惱不已。

馬克‧吐溫覺得，一定要幫自己找個出路，要麼便下苦功學習寫作知識與技巧，要麼便去學點別的東西來養活自己，並從此不再寫作。經過長時間的思考，馬克‧吐溫決定下苦功，增加自己的寫作能力。

經過一番苦練，馬克‧吐溫終於寫出了《卡拉維拉斯郡著名的跳蛙》(*The Celebrated Jumping Frog of Calaveras County*)、《苦行記》(*Roughing It*)、《頑童歷險記》(*Adventures of Huckleberry Finn*) 等作品，尤其是〈致坐在黑暗中的人〉(*To the Person Sitting in Darkness*)、《沙皇的獨白》(*The Czar's Soliloquy*)、《百萬英鎊》(*The Million Pound Bank Note*) 等作品更是讓他一舉成名，並被評為 19 世紀後期美國現實主義文學的傑出代表。可以這麼說，馬克‧吐溫之所以能取得如此輝煌的成績，完全是因為他努力強化了自己能力的結果。

有句格言是這樣說的：要麼修改你的夢想，要麼強化你的能力。馬克士威因為理智地修改了自己的夢想，最終取得了成

功;馬克・吐溫因為堅持夢想,並努力強化了自己的能力,取得了成功。跟兩位大師處在同時代的很多成功者,都是以這兩種方法成功的。但是更多的默默無聞者,因為不肯修改夢想,或者下不了強化自己能力的決心,而與成功失之交臂。

一個超級大笨蛋的超級夢想

他是一個窮人家的孩子。俗話說,窮人的孩子早當家,應該是很懂事的。可是,他卻很不懂事。念小學時,他便有一個「超級大笨蛋」的外號。老師常這樣向他的父親報告:「這個孩子不適合接受教育,他有妄想症,整天都心不在焉。上課時,眼睛老是盯著外面的小鳥發呆,叫他去洗窗戶,他把窗戶打破了;罰他掃地,教室牆壁被他撞掉一大片水泥塊。」

父親無奈,只好讓他輟學去當報童,可是每次送完報,他的袋子裡總會剩下四五份報紙,不知道又忘了哪幾家沒送。叫他去砍點柴,他竟然把鄰居的木頭籬笆也砍掉了。叫他去擠牛奶,他不但沒擠到奶,還將乳牛當馬來騎,差一點把乳牛嚇死。

父親問他,你究竟會做什麼?他說他想當大象,想當比大象力氣還大的大力士。父親搖了搖頭,嘆息道:「這孩子真的是沒救了!」如果將他送到精神科,又沒有足夠的醫藥費。於是,只好由著他,不再管他。沒人管的日子裡,他高興極了,天天去野外跟那些動物玩。只是他從來沒有忘記過自己的夢想,他

| 一個超級大笨蛋的超級夢想 |

總是找機會跟動物們比力氣,他發現只有大象的力氣最大。慢慢地,他還發現螞蟻的力氣也不小,牠能扛起超過自己體重很多倍的東西。

突然有一天,一家機械工廠來他的家鄉招聘工人。因為那是苦力工,很多人都不願意去,他只問了一句:「機械的力氣有大象大嗎?」負責招募的人說:「機械的力氣可比大象大多了。」於是他毫不猶豫地報了名,成了一名機械工廠的工人。

在工廠,他才知道,什麼才是真正的大力士。就這樣,他著魔似的迷了上機械。可是很快地他又不滿足了,他覺得自己想要的大力士應該比這些機械的力氣還要大。他夢想中的大力士在瞬間就能夠將一座山頭剷平。就連那些機械工廠的專家們也覺得他這是痴人說夢。只有他固執地相信,這個大力士一定會出現的,只是他暫時還不想出來跟他見面而已。

1917 年,這個大力士終於出現了,那就是世界上第一臺最完整的推土機。那時他 29 歲,他觀察蜘蛛的爬行,是那麼穩當,他設計的推土機便能在斜坡上推、挖土而不掉下來。由他設計的那隻機械手臂就是根據大象的體型得到的靈感,那個起重臂像極了大象的鼻子。他還大膽地選用橡膠做為輪子,取代了原來的鐵輪子。他就是雷多諾(LeTourneau)——享譽世界的推土機大王。

二戰期間,道格拉斯 A-26 型轟炸機在航空母艦的甲板上怒吼,領航員焦急地詢問指揮官:「轟炸任務完成以後,在法國的

第五輯　別急，先了解自己再出發

降落地點真的有一個機場嗎？」將軍史帕茲（Carl Spaatz）肯定地答道：「有的，那裡有一個機場在等著你們。」

「但是在地圖上那是一片森林啊！」領航員不解地問道。史帕茲的回答成為二次大戰的一句經典名言：「雷多諾的推土機能夠在一夜之間，將森林掃成飛機場，雷多諾推土機的前進速度快到連我們軍隊都趕不上了。」

一部雷多諾推土機相當於 1,000 個工兵拿圓鍬挖土的工作量。

二次大戰期間，有多少部雷多諾推土機在替盟軍開路呢？有近 3 萬部。這種快速的機動性，成為盟軍戰勝德國、日本軍隊的關鍵之一。

雷多諾設計、建造的推土機，一直是世界公認的用來建設重大工程的最佳機器。像美國的胡佛水壩、穿過巴西亞馬遜森林的高速公路、巴拿馬的運河、北海鑽油平臺的搬運、北非叢林的木頭運送、南極的冰雪火車等，都使用了雷多諾推土機。他建造的每一部機器一上市，立刻成為美國通用、日本三菱等公司效法模仿的對象，被專家認為是二十世紀起重機械的權威。

曾經被認為患有妄想症的人，就這樣成就了一番偉大的事業。人生就是這麼奇怪，儘管人人都有夢想，但一些偉大的夢想總是不被人們所認可，也正是因為其偉大，所以一般人無法想像。此時，如果你不能堅持自己的夢想，人們便會說那是妄想，如果你堅持下去了，那麼就一定會成為現實！

生產真誠的機器

1970 年代，在美國芝加哥有兩位熱血青年，一位叫福特，一位叫羅斯。他們聽說位於洛磯山脈附近的比靈斯正在大舉開發，就想去那裡開工廠。福特和羅斯的父親都是鞋業經營者，於是他們也想開鞋廠。他們的父親都很讚賞兒子的想法，這樣既可以鍛鍊經商和管理能力，又開發了新的市場。福特和羅斯向各自的父親借了 1 萬美元，便一起出發了。

福特想，他必須比羅斯先到達比靈斯，只有搶占了好的地段才有勝算，於是他退掉火車票，改搭飛機。羅斯也將火車票退掉，卻沒打算坐飛機，他改搭了汽車。

福特很快在比靈斯繁華地段租好了廠房，並請了不少工人。可羅斯還未到達目的地，因為他此時還坐在汽車裡與人們聊天，看人們腳上都穿著怎樣款式的鞋子，問人們最喜歡穿怎樣的鞋子。他坐客運輾轉了半個月才到達比靈斯，然後，他在一個比較偏僻的郊區租了廠房。

後來，福特生產的鞋子沒人要，而羅斯生產的鞋子卻賣得很好。福特便花高價僱人去偷竊羅斯的祕方，發現羅斯做的鞋子跟當地人穿的是同一種款式。福特很快大量生產出了和羅斯相同的鞋子，並且也同樣得到了當地人的認可。突然，一股強烈的金融風暴席捲了整個美國，福特和羅斯的工廠都受到了影響。福特支撐不住了，只得又向父親借了 1 萬美元，可是過了

第五輯　別急，先了解自己再出發

不久，他還是感到很吃力，倉庫裡的貨越積越多。福特只得一邊低價處理存貨，一邊瘋狂裁員，許多員工被解雇或是被無故減薪，員工們怨聲四起。

此時，羅斯的工廠也受到了前所未有的挑戰。羅斯將所有工人都召集在一起，開始了他的演講：「我親愛的姐妹們、兄弟們，現在公司面臨著倒閉的危險，如果大家願意與我一起堅守，那麼就暫時不領薪水，只領取少量生活費，只要公司度過了難關，我保證雙倍奉還。如果有不信任公司或者另有好去處的，我也當你是朋友，那麼你馬上就可以領完這個月的薪水，等公司發展壯大後再回來……」

員工們在靜默了半分鐘後紛紛決定留下來，並且還為公司捐出了好幾千美元，羅斯為此流下了感動的淚水。他堅信只要公司不倒，撐過了這段日子，一定會好轉的，他不但與員工們同吃同住，還不斷給員工們精神上的鼓勵。最終他帶領員工們咬牙熬過了那段艱難的日子。當金融風暴過後，經濟果然復甦了。福特因實在撐不下去而打道回府了，而羅斯卻賺錢了。福特以前的員工們也紛紛投靠了羅斯，他沒有食言，所有員工們的福利都隨著公司的效益而有所提高。羅斯還表示，如果公司盈利上升，員工們的福利也將繼續增加。

選擇了逃離的福特得知羅斯成功的消息後，心裡很不是滋味，這次他沒有請人來偷師，而是決定親自來羅斯的工廠看看。令他不解的是，羅斯的廠房並不漂亮，員工的素質也並不高，

更令他不解的是,羅斯開給他們的薪水還沒有他當初給的高。「那麼,」福特很不理解地問,「你究竟是怎樣成功的呢?」羅斯平靜地答道:「因為我投資的並不是金錢,而是真誠,我真誠地給了員工們一個家的歸宿感,員工們回報我的也是一樣,他們手裡的機器生產的不是鞋子,而是真誠!」

一個優秀的管理者應該具有人性化的管理,為員工提供或創造愉悅的工作環境,讓員工對企業有歸屬感,使員工深切感受到企業與自己息息相關,自然也就會對企業做出盡可能多的貢獻。

合理的命令

因為有人提問查爾斯(Charles Koch)是如何當好總裁的,所以科氏公司總裁查爾斯在一次新聞發布會上,講了這麼一個故事。那時,他還剛剛從父親手裡接管公司,幾乎什麼都不懂的他,完全依靠患病的父親在背後對自己的支持。

一天,見查爾斯神色憂鬱,父親便關心地詢問是怎麼回事。查爾斯便問父親,怎樣才是一個好的管理者,一個管理者應該怎樣做,員工才會聽從他的命令。父親告訴他,一個關心愛護員工的管理者,才是一個好的管理者,也只有這樣,員工才會聽從他的命令。

第五輯　別急，先了解自己再出發

可是，不久之後，查爾斯又垂頭喪氣地回來了。父親不解地詢問原因。查爾斯哭喪著臉，說：「爸爸，難道我對他們好也錯了嗎？我幫他們加薪，生病的安排他們去醫治，生活上總是給予無微不至的關懷，他們為什麼還是不聽從我的命令呢？」

父親想了想，又問：「你有沒有給予他們對未來的希望？」查爾斯毫不猶豫地說：「給了，我跟他們說，只要做的好，公司營利了，將會按照每個人所付出的力量和智慧給予分紅，或者入股。」父親也陷入了沉思，像是自言自語，又像是對查爾斯說：「這就奇怪了，員工們在我帶領時，個個都是服從命令的呀。」

稍後，父親再問查爾斯：「你確認你下給員工們的命令都合理嗎？」查爾斯愣住了，說：「我是管理者，公司裡的最高指揮官，我只要下命令，員工們就得無條件地去執行。命令就是命令，還管它合不合理？」

查爾斯的父親終於鬆了一口氣，說：「問題就出在這裡了，在公司裡，你的地位最高，權力最大，所有員工都得聽你的，這沒錯。但並不等於你可以任意地向他們下達不合理的命令，要想別人永遠聽從你的命令，就只能下達合理的命令！」

最後，查爾斯說：「命令不合情理，哪怕你的權力再大，別人也是可以不服從的。我之所以能將公司做到富比士榜上的前幾名，並且在公司裡受到所有人的擁戴，主要是因為我總是向員工們下達合理的命令。」

管理者向員工下達合理的命令，才會受到員工的擁戴。下達合理的命令，努力地在員工之間創造自願合作、理解和尊重的氛圍，這樣的管理者還會害怕不成功嗎？

了解自己才能做好工作

有一家新開幕的飯店聘僱了一批應屆畢業生。可是，怎樣才能將這些畢業生安排到適合他們的職位呢？如果按照平常一個個進行選拔，顯然需要很多時間和精力。而且一旦選錯了人，將一個不適合這個職位的人放在了這個位置，那影響的不僅僅是個人的前途，還關乎整個飯店的命運。

就在老闆苦惱的時候，一個年輕人敲了老闆的門：「雖然我們對這些新入職的人不了解，但他們對自己都非常了解。與其一個個地進行選拔，不如將所有職位列在一張紙上，讓他們來挑選適合自己的工作職位。」

飯店老闆眼前一亮，這確實是個好辦法。於是按照年輕人說的去做，多數人找到了自己喜歡的職位。然後，老闆再針對每個不同的職位，有重點地進行培訓。而對於少數無法確定自己職位的人，便安排他們做些雜活，很快飯店便順利開業了。

這時，飯店老闆才想起那個年輕人來。他問：「年輕人，你叫什麼名字，又是做什麼工作的？」年輕人回答：「老闆，我叫

布里奇，以前跟那些人一樣，也是從各地聘來的應屆畢業生，不過現在我的身分變了，我已經是您的人事主管了！」酒店老闆聽了哈哈大笑說：「是的，你確實是我的人事主管，在我還沒有任命你的時候，你就已經開始為我工作了，好棒！」

這家飯店的老闆叫希爾頓（Conrad Hilton），飯店的名字叫希爾頓飯店。從1919年在美國創立至今，已從一家擴展到了100多家，遍布世界五大洲的各大城市，成為全球最大規模的飯店之一。

而在此後的每一家新開張的飯店，希爾頓都是以這種方式來進行人事安排的。希爾頓飯店的理念是：只有自己最了解自己，也只有能夠充分地了解自己的人，才能做好本職工作！而一個連自己都懶得去了解的人，是永遠也做不好工作的！希爾頓每年都要將這個建議貼出來，並告訴那些需要找工作的年輕人：要想找到一份理想的工作，首先要做好了解自己這份工作！

成就首富的農夫

印度首富米塔爾（Lakshmi Mittal），在他還是一個普通上班族的時候，曾經碰到過一位農夫，也正是那位農夫，影響了米塔爾的一生。

米塔爾那時剛剛失業，也許是因為太年輕，不懂得處理工作中的人際關係，也許是因為工作經驗不足，技術過不了關。

成就首富的農夫

總之,他雖然在許多地方工作過,但總是遭到無情的辭退。

當又一次失業後,無限沮喪的米塔爾一個人來到了鄉下,與其說他是想在山野之間呼吸一口清新的空氣,還不如說他是想在這裡找到一份暫時的寧靜。

正在望著田野發呆的米塔爾,突然發現一個正在耕地的農夫停在那裡不動了。好奇心驅使米塔爾走了過去。米塔爾問農夫:「怎麼啦,有什麼需要我幫忙的嗎?」農夫望了望米塔爾,說:「年輕人,我還真的是遇到了難事,如果你想幫忙我的話,那就替我看管一下牛吧。」

米塔爾問:「怎麼啦,你不想繼續耕地了,那你現在要去哪裡呢?」農夫說:「我的犁上有一根鐵栓斷了,沒辦法繼續耕地了,我得去鐵匠鋪打根鐵栓回來。」

米塔爾問:「什麼是鐵栓?」農夫說:「看,就是這個小玩意。」米塔爾看到農夫的手裡正拿著一根小小的鐵釘,說:「這麼個小玩意,值得跑一趟鐵匠鋪嗎?」農夫說:「確實不值得,但沒有它又不行。」米塔爾不想替他看牛,便說:「能不能用別的什麼來替代一下那根鐵栓呢?」農夫說:「辦法倒是有,比如說,用根樹枝也行,但誰也無法保證它能用多久。」

最後,米塔爾還是答應了農夫請他看牛的請求。兩個小時後,農夫才滿頭大汗地趕來了,同時他的手裡拿著一根嶄新的鐵栓。由於有了那根新鐵栓,那片地在太陽還沒有完全下山之前便耕完了。望著那片新耕的地,農夫笑著說:「如果我們沒有

第五輯　別急，先了解自己再出發

這根鐵栓，而是用根樹枝或者其他什麼東西替代它，就是忙到天黑，這片地也是耕不完的。」為了感謝米塔爾替他看牛，農夫邀請米塔爾去他家共進晚餐並留宿。

那晚，米塔爾躺在簡陋的農舍裡，怎麼也睡不著。不是因為他嫌棄農舍的簡陋，也不是因為感動於農夫的熱情，而是感動於農夫對工作的那種熱情與積極的態度。與農夫對比，他才發現了自己的缺陷。農夫擁有的，正是他所缺少的。而現在，他覺得他已經找到了自己所缺少的東西。

第二天天還沒亮，他便起床了，他沒有吵醒熟睡的農夫，未向農夫告別，就一個人回城了。在以後的日子裡，他一直都是以農夫為榜樣來對待工作的。終於，他將自己的事業越做越大，成了印度首富。

成功後的米塔爾說：「其實成功並不難，只要你用全部的愛和滿腔的熱情，去擁抱一件微不足道的小事，這樣長久地堅持下去，你就會擁有巨大的成功。」

誰也想不到，米塔爾的這個成功祕訣竟然來自一個農夫。

不能容忍的缺陷

很久以前，不管是汽車、腳踏車還是摩托車，所用的輪胎都是實心橡膠製成的。這種實心輪胎雖然耐磨，卻不耐顛簸，

車稍微開快一點,車上的人就顛得受不了。

西元1888年,一個名叫登祿普(John BDunlop)的愛爾蘭人,用一根透過活門充氣的管子,在外面塗上橡膠保護層做了一個氣胎。這種氣胎纏在車輪上後,車子顛簸得便沒那麼厲害了。只是如果內管出現刺孔需要修補時,得先用苯把塗上去的橡膠保護層溶化,待修好刺孔後,再塗上橡膠層。這個修補的過程確實很費事,很多人覺得與其這麼費事地去修補刺孔,還不如用實心輪胎方便。於是,都不理會登祿普的發明,甚至還嘲笑他吃飽了沒事做,發明些毫無用處的東西。

登祿普不甘心,決定讓兒子騎上裝有這種氣胎的腳踏車去參加比賽,他要讓人們見識一下這種氣胎的作用。果然,登祿普的兒子獲得了第一名的好成績。因為裝有氣胎的腳踏車不但省去了顛簸的煩惱,速度也比裝上實心輪胎的腳踏車快了好幾倍。

登祿普的氣胎終於受到了人們的重視,很多商家開始找登祿普下訂單。於是,世界上第一家輪胎製造廠建立了。在建廠前,兩個來自法國的年輕人安德魯・米其林(André Michelin)和愛德華・米其林(Édouard Michelin)兩兄弟找到了登祿普,希望登祿普支持他們兄弟,在登祿普的基礎上完善氣胎的研製工作。

米其林兄弟的意見跟其他人一樣,主要還是修補刺孔的問題。並表示,一旦解決了這個問題,這種新型輪胎會更受歡迎,登祿普作為氣胎的最先發明者,也能得到更多的股份。登祿普問米其林兄弟,大約需要多少時間來完善這種輪胎。米其林兄

第五輯　別急，先了解自己再出發

弟說，4年之內一定能研製出來。接著又說：「如果我們合作的話，也許2年就研製成功了。」登祿普聽了哈哈大笑，說：「在這4年時間裡，我完全能成為千萬富翁，現在我馬上就要成功了，你們覺得我還有必要跟你們一起浪費我寶貴的兩年時間嗎？」

米其林兄弟忠告說：「也許您能在這4年內成為千萬富翁，您發明的這種輪胎也只能為您工作4年時間，它的這個致命的缺陷，不可能為您帶來更多的利潤。4年後，您一定會想起我們今天的話，容忍自己缺陷的人，也一定會敗於自己的缺陷！」最後，米其林兄弟無奈地嘆著氣走了，登祿普的輪胎製造廠很快就開始營運，他生產的輪胎也迅速占領了市場。

4年後的一天，當登祿普手捧大量退貨單，望著廠內堆積如山的輪胎時，才突然想起米其林兄弟來。原來，米其林兄弟的新型輪胎已經投入生產了。米其林兄弟的新型輪胎不但可以充氣，還能拆卸，原來只有專門技師才能處理的刺孔和爆破事故，現在一般人只需一刻鐘便能輕鬆處理。米其林兄弟的輪胎迅速普及到全世界，而登祿普的輪胎則退出了人們的視野。

一盞油燈結出的果子

喬利・貝朗出生於巴黎一個貧民家庭。13歲他便獨自外出工作，由於年紀小，沒有哪個工廠願意聘用他。四處流浪了兩年後，他找到一個貴族家庭，苦苦哀求那家貴夫人，最終他

一盞油燈結出的果子

在廚房裡當了一名小雜工。喬利·貝朗每天的工作是殺雞、殺魚、拖地、掃廁所,幾乎包攬了全部髒活、累活。他一天最少要工作12個小時,而所得的薪資連一隻雞都買不到,但喬利·貝朗仍然感到非常滿足。他總是省吃儉用地將辛苦賺來的錢存起來,養活那個貧困的家。

可就是這樣吃緊的日子也不長久。一天半夜,正當喬利·貝朗因過度勞累而沉沉地睡去時,他被一陣急促的敲門聲驚醒了。原來貴夫人第二天一早要赴一個約會,要求喬利·貝朗立即將她的衣服熨一下。喬利·貝朗強睜開眼睛,毫無怨言地開始了工作。因為實在太睏了,一不小心,他打翻了煤油燈,燈裡的煤油毫不留情地滴在了貴夫人的衣服上。

喬利·貝朗這一嚇非同小可,瞌睡蟲也全跑光了。要知道,他就算是一年的工資恐怕也買不起那件昂貴的衣服。可想而知,貴夫人沒有輕饒他,堅決要求喬利·貝朗賠償她的衣服,賠不起就得不支薪一年。

喬利·貝朗沮喪極了。當他答應貴夫人的要求後,他也得到了那件衣服。其實那件衣服只是弄髒了一點點而已,如果將它送給自己的母親穿,她一定會很高興的,他的母親可從來沒穿過這麼好的衣服,但他不敢將這件事情告訴媽媽,那樣她會很傷心的。於是,喬利·貝朗整天將那件衣服掛在自己的床前以警示自己別再犯錯。

一天,他突然發現,那件衣服被煤油浸過的地方不但不髒,

第五輯　別急，先了解自己再出發

反而還將其他髒物清除了。這個意外的發現令喬利‧貝朗興奮得夜不能寐。經過反覆試驗，喬利‧貝朗又在煤油裡加了些其他化學原料，終於研製出了乾洗劑。

一年後他離開貴夫人家自己開了一家乾洗店，世界上的第一家乾洗店就這樣誕生了。從此喬利‧貝朗的生意一發而不可收拾，幾年間他便成了讓全世界矚目的乾洗大王。如今，乾洗店遍布世界的每一個角落，人們在享受他發明的乾洗劑的同時，也記住了他的名字──喬利‧貝朗。

在我們的人生中時刻潛藏著危險，就像那一盞打翻的油燈，在本已十分痛苦的生活中再加一些苦痛，猶如雪上加霜，令人沮喪。但命運之神在給你苦痛的同時，也會提供機會給你，如果此時能夠身處逆境正視苦痛，並想辦法從苦痛中提煉機遇，那麼苦痛的花就能結出甜蜜的果。

化解千年矛盾的方法

西元 13 世紀，馬可波羅在去亞洲旅行時，曾途經一個名叫賽普勒斯的島國。那裡是歐洲、非洲與亞洲交界的一個地方，由於無人管理，所以自成一國。

島上又分為希族和土族兩個部落，兩個部落雖然同處一島，但從不往來，只是每年的秋天，都會發生一場聲勢浩大的械鬥，械鬥的目的是為了爭奪島上一處最大的堅果林。由於秋天

化解千年矛盾的方法

是堅果成熟的季節,而兩個部落又都是以堅果為生,所以械鬥便不可避免地發生了。馬可波羅便親眼見識了一場械鬥。由於兩個部落互不相讓,流血、傷亡事件也不斷在發生,最後,以將堅果搶光為止。從雙方聚集堅果林,到雙方各自抬著搶得的堅果與傷員回到各自的部落,沒有一個人開口說話。

馬可波羅覺得非常奇怪。於是,便走訪兩個部落,試圖讓他們和平相處,不要再發生械鬥事件了。走訪之後,馬可波羅驚奇地發現,希族將堅果裡的果肉取出之後,便將果仁棄之,因為他們只吃果肉,而土族則將堅果的果肉棄之,只取果仁來吃。

這時,馬可波羅終於想到了一個讓他們和解的辦法。於是,馬可波羅將自己想讓兩個部落和平相處的想法告訴了兩個部落的首領,以及兩個部落的主要主事者。誰知,他們聽了馬可波羅的話,都直搖頭,紛紛表示那是不可能的,因為兩個部落的矛盾已經有上千年的歷史了,根本無法化解。

馬可波羅知道自己光用口說他們是不會相信的,於是,他決定親自動手。馬可波羅將希族丟棄的果仁撿起來,送到了土族,說是希族送的。又將土族丟棄的果肉送到了希族,說是土族送來的。

兩個部落都覺得奇怪,一向「蠻不講理」的敵人,怎麼突然對自己好呢?馬可波羅趁機跟他們商量,以後能不能在堅果成熟的季節,希族專取果肉,土族專取果仁?兩個部落一聽,都

覺得這個主意不錯，於是欣然同意。這起糾結了千年的矛盾，就這樣被馬可波羅輕易地化解了。

世界上很多看似根深蒂固的矛盾，其實都是可以化解的，需要的不是強大的武力，僅僅是與對方真誠的溝通和耐心的了解。

每種樹木都是有用之材

西元 1847 年 4 月 10 日，約瑟夫（Joseph Pulitzer）出生在匈牙利一個叫馬口的小鎮，由於戰亂，17 歲便獨自流浪到了美國。戰後的紐約，失業率一再攀升。如果有一個工作機會，就會有幾百人前往應徵。約瑟夫英文不行，又沒什麼專長，更重要的是，他不但身體瘦弱，而且脾氣很差，每到一個地方都要跟同事甚至上司發生爭執。所以，每次約瑟夫都將辛苦得來的工作輕鬆地就給弄丟了。

約瑟夫不知道，其實他患上了一種病，那種病被醫學上稱為「挑剔症」。患上挑剔症的人，見不得任何不合理的事情，哪怕那是一件很小的事情，不然，就會跟人爭執。約瑟夫就是因為患上了這種病，才被人稱為「挑刺專家」而遭人排擠的。

約瑟夫曾先後做過騾夫、水手、建築工人、碼頭苦力、餐廳服務生和馬車夫，可是都因為喜歡挑剔別人的錯誤，尤其是對資方那些不合理的規定的挑剔，失去了這些工作的機會。由於生活越來越困難，約瑟夫的自信也被消磨得一乾二淨。就在

> 每種樹木都是有用之材

他走投無路的時候，他遇到了一個木業老闆。那時，因為找不到一個更好的自殺方式，約瑟夫決定潛入木業工廠用電鋸來了斷自己的生命。

於是約瑟夫與木業老闆有了這樣的對話。約瑟夫問：「像我這樣一個遭人厭惡、被人拋棄的人，活在世上還有什麼用嗎？」木業老闆指著一堆木頭說：「人就像這些木頭一樣，有質地結實的，也有疏鬆的；有圓直的，也有彎曲的……難道你能說哪種有用，哪種沒用嗎？」約瑟夫撿起一截最彎曲的木頭，說：「依我看這根木頭就沒有用！」木業老闆說：「那要看你用在什麼地方，如果用來做門框當然不行，但如果要做耕地的犁，可就是最好的材料了！」約瑟夫不服氣，故意揀了個廢棄的、像個刺蝟似的大樹根，說：「這個總是沒用的東西了吧！」木業老闆說：「那個對於我們木業廠來說，確實沒有用了，可是你不知道，有一位雕刻藝術家已經出了一車木頭的價錢將它買走了！」

最後，木業老闆說：「每一種樹木都是有用之材，但前提是，一定要用對地方。這個世界上，每一個人就是一種樹木，你也一樣，找不到工作，不是你沒有用，而是還沒有找到一份真正適合你的工作！」聽了木業老闆的話，約瑟夫又找回了自信。於是，白天他繼續外出找工作，晚上則幫木業老闆扛木頭來賺取自己的一日三餐及住宿的費用。

如果想找到一份較好的工作，就必須學好英語，於是約瑟夫經常跑圖書館。有一次，在圖書館，約瑟夫看到兩個人在下

第五輯　別急，先了解自己再出發

棋，一時老毛病又犯了。約瑟夫見其中一個人舉棋不定，於是多嘴說：「別走那一步！」兩個人都驚訝得張大了嘴巴望著約瑟夫。其中一個說：「老兄，如果您走那一步，您就輸定了。」約瑟夫又站到另一方，拿起棋子走了幾步說：「先生，如果您這麼對付他，還是會贏的。」兩個人看看約瑟夫，又看看棋盤，似乎讓這個陌生的年輕人勇於挑錯的精神鎮住了。

正當約瑟夫想離開時，其中一位叫住了他，說：「年輕人，我想跟你認識一下，也順便介紹我的一位好朋友給你，這是艾米爾（Emil Preetorius）先生，我叫舒爾茨（Carl Schurz）。」在聖路易斯，沒人不認識艾米爾和蘇茲，他們共同擁有一家《西方郵報》（*Westliche Post*）。

就這樣，約瑟夫當上了一名記者。由於約瑟夫勇於向任何權威挑戰，他寫的報導得到了民眾的擁護，使報紙的發行量節節攀升，報社不但獲得了很好的經濟效益，而且在大眾中的影響力也越來越大。約瑟夫很快被破格提拔為新聞部主編。

西元1883年5月11日，約瑟夫創辦的第一份《紐約世界報》（*New York World*）印出來了，它每星期都發表由約瑟夫親手寫的社論。社論說出了勞動者的心聲，對紐約的富人顯貴發出猛烈的抨擊，很快就贏得了讀者，使《紐約世界報》在短時期內獲得了巨大的成功。他就是約瑟夫・普立茲，一個響滿全球的報業大王。他還創辦了美國第一所新聞學院——名揚世界的哥倫比亞新聞學院。現在，以他的名字命名的普立茲新聞獎成了美國

最高新聞獎,備受世人矚目。

在創辦新聞學院的時候,約瑟夫‧普立茲跟學子們講了這麼一句話,那就是當年那位木業老闆曾跟他講過的話:「我們每一個人就是一種樹木,每一種樹木都是有用之材,但前提是,一定要用對地方!」

第五輯　別急，先了解自己再出發

第六輯
從容淡定，好心態才有好人生

本輯編者　周禮

　　有陽光時，我們不驕不矜，積極主動地抓住機遇，盡情地展現自己的才華，朝著自己的目標奮力出發。不因幸運而故步自封，止步不前；沒有陽光時，我們要學會忍耐，學會等待，沉得住氣，受得起委屈，寵辱不驚，去留無意，心胸豁達，心情平和淡然，韜光養晦，冷靜思考，為下次展翅高飛積蓄力量。

第六輯　從容淡定，好心態才有好人生

忙，並快樂著

在大家一片羨慕的目光中，同事張老師退休了。大家不禁感嘆：我們何時才能盼到退休，每天只要睡覺、吃飯、晒太陽、下棋、打牌、享樂，那樣的生活簡直賽過神仙。

大家原以為張老師退休後一定會悠閒地打發後半生的生活，豈料只過了兩個星期，張老師又站在了一所私立學校的講臺上，他不僅每天早出晚歸，一絲不苟地批改學生作業，而且還利用假期的時間去社區大學學習畫畫。大家看見，張老師不但沒有閒下來，而且比以前更忙了。同事們十分不解，張老師的兒女都已工作，他們夫妻又都有一份不菲的退休金，家裡根本沒有任何負擔，為什麼不享福，還這麼拚命地工作呢？

其實張老師的心情我最能體會。這些年，我除了上班，做家務，教育孩子，其餘時間幾乎全部用於看書和寫作，即便是週末和寒暑假，仍然一天也不放鬆。同事約我打牌，我說沒時間；朋友請我喝茶，我說我很忙。於是同事和朋友關心地對我說：「你這麼忙，難道不累嗎？」我說，當然累，但我很快樂。很多人無法理解，認為我是為追逐名利而找的藉口。可事實上，我只是為了使自己的生活過得充實一點，快樂一點。

同事小王經常找我發牢騷，說假日裡煩得不得了。究其原因，他業餘無事可做，用他的話來說：打牌輸了錢，心裡難受。玩網路遊戲，時間長了生厭。看電視，很少有喜歡的節目。找

人聊天,每個人都貌似沒有空。他覺得業餘生活很沒有樂趣,做什麼事都沒勁,還不如每天上班來得自在。

也許很多人都曾有過這樣的體會:以前工作太忙,太累,總是抱怨,活得像個驢子,要是能整天遊手好閒,無所事事該多好啊!可是,當有一天退了休,真正閒下來時,才驚奇地發現,原來不上班的日子並不是想像中那麼美好。以前所渴慕的時間,現在卻成了一種負擔,不知該如何打發。這時,反而羨慕起那些朝出晚歸,有事可忙的人。人一旦閒下來,無事可做,就會感到空虛無聊,鬱悶煩躁,甚至閒出病來。這便是許多退了休的人為何退而不休的原因。

忙碌是一種充實,也是一種快樂。忙碌的日子,儘管偶爾會抱怨,但更多的是在忙碌中所收穫的快樂。人生就是這樣,越忙碌越充實,越充實越開心。正如一位作家所說:勞動是辛苦的,但勞動又常常是快樂的。其實每個人都應該培養一個有益的愛好,諸如琴、棋、書、畫……有了自己的愛好,每天的時間安排得滿滿的,自然就會少有煩惱了。

恬淡如荷

前幾天去鄉下采風時,正趕上荷花盛開。只見碧水中荷葉如扇,綠意盎然;綠傘叢中探出朵朵亭亭玉立的荷花,如無數雙纖纖素手,也似一張張俏麗清潤的笑臉,美玉天成。儘管沒

第六輯　從容淡定，好心態才有好人生

有「接天蓮葉無窮碧，映日荷花別樣紅」的磅礡大氣，但也清婉雋秀，逶迤連綿，蔚為壯觀。

平生愛荷勝過其他任何名貴花草，這樣的機會我豈能錯過，於是在返家時，我特意帶了幾朵含苞待放的荷花回家怡養。到家時天色漸晚，我隨便找了幾個礦泉水瓶，往裡面注入一些水，然後將帶回的荷花插入其中。一切安排妥當，就躺在床上睡下了。

一覺醒來已是第二天早上，掀開窗簾，太陽高高地懸掛在東邊的山巒，金色的陽光透過窗戶灑落於屋中。我打了個呵欠，伸了伸懶腰，當我從睡房步入客廳時，立刻被那幾朵盛開的荷花震撼了。一夜之間，它們全都怒放。在燦爛的陽光下，它們熱情奔放，無拘無束，盡情地展露著自己嬌美的身姿，那風情萬種、春容含笑的樣子惹人憐愛。我情不自禁地舉起相機，從各個角度開始拍照，把這短暫的美麗定格為永恆。一番沉醉感嘆後，我不得不收起愉悅的心緒，匆匆忙忙地起身去上班。

中午有應酬，我沒時間回家，直到傍晚才從外面回來，剛進屋，就迫不及待地想欣賞一番那幾朵荷花。當佇立於它們跟前時，我驚奇地發現，盛開的荷花不知什麼時候竟然收起了美麗的花姿，展開的花瓣全部合攏，將中間的花蕊層層包裹著，幾乎又回覆到最初待放的樣子。第二天、第三天亦是如此，有陽光時它們就絢麗地開放，沒有陽光時它們就蓄勢待發，等待

下次花開。

　　荷花的這種特性，不禁讓我想起了我們的人生。俗話說：花無常開，月無常圓。一個人在成長的過程中，總會經歷陽光和陰雨，那麼我們如何正確地面對和掌握這兩種截然不同的境遇呢？

　　或許我們可以學學荷花的處世之道。有陽光時，我們不驕不矜，積極主動地抓住機遇，盡情地展現自己的才華，朝著自己的目標奮力出發。不因幸運而故步自封，止步不前；沒有陽光時，我們要學會忍耐，學會等待，沉得住氣，受得起委屈，寵辱不驚，去留無意，心胸豁達，心情平和淡然，韜光養晦，冷靜思考，為下次展翅高飛積蓄力量。

接受也是一種快樂

　　前不久，我帶著女兒回鄉探親，在候車室裡，我們焦急地等待著班車的到來。女兒的旁邊是一對年輕的夫婦，男的全神貫注地望著一輛接一輛出站的大客車，女的目不轉睛地盯著女兒看。

　　也許是因為長時間等車太無聊，抑或是女兒的確可愛，討人喜歡，旁邊的女子親熱地用手摸著女兒紅撲撲的小臉蛋，並笑著說：「小妹妹，真可愛！今年幾歲了？」女兒向來膽小懼生，

第六輯　從容淡定，好心態才有好人生

一邊躲一邊向我求助：「爸爸，爸爸……」我對女兒說：「別怕，阿姨喜歡妳。」逗玩了一會，那女子從口袋裡拿出一個棒棒糖遞給女兒，並對女兒說叫阿姨。女兒遲遲不動，棒棒糖放在她手裡也不要，我發現那女子的表情有些尷尬，慌忙替女兒接了過來，並向那女子示以感激的微笑。因為我的接受，女子臉上的尷尬蕩然無存，取而代之的是滿臉的歡笑和喜悅。因為女兒的可愛贏得了別人的喜歡與讚賞，我心裡也十分高興。

看著眼前這位笑容滿面的女子，我不禁想起了發生在去年的一件事，也是在這個客運站，也同樣是等車。女兒餓了，我取出包包裡的零食給她吃，這時旁邊一個小傢伙睜著一對明亮可愛的大眼睛，一動不動地盯著我裝零食的袋子，眼神中充滿了期待。於是，我順手也給了他一包。小傢伙正準備拿過去，突然旁邊一隻大手攔住了他。

我看到了一雙懷疑警惕的眼睛，那是孩子的母親，一個年輕漂亮的女子。只聽她對孩子說：媽媽跟你講了多少遍，不能要陌生人的東西。那孩子卻不聽母親的勸說，嚎啕大哭起來，孩子的母親顯然生氣了，但還是壓低聲音說：「東西裡面放了藥，不能吃，吃了會死的。你再不聽話，媽媽就要打你了。」她的嚇唬還是無用，那小孩越哭越厲害，仍然吵著要。最後沒辦法，孩子的母親狠狠地給了他一個耳光，強行把他拽走了。聽著小孩漸漸遠去的哭聲，我心裡很不是滋味。

經歷了這兩件事後，我突然發現接受也是一種快樂。一直

以來我都認為給予永遠比接受更偉大,更快樂,更幸福。現在我才明白接受並不比施與低賤,而恰恰是對別人餽贈的一種尊重和理解,肯定和信任。很多時候人們並不是不想給予,而是害怕遭到拒絕,而不敢輕易付出。

其實接受也是一種美德,也是一種快樂,給予者捧著一份真情而來,愉快地接受也會讓給予者得到一種心靈上的愉悅和滿足。而拒絕別人的善意,有時可能會傷害別人善良的心。所以對於別人善意的幫助,我們不妨欣然接受。

簡單的快樂

那天,我從外地辦事歸來,坐在客運上,車內十分安靜。有的人在睡覺,有的人微閉雙眼聽著音樂,有的人斜視窗外,欣賞著路邊的風景。也許面對陌生人大家都心存戒意,也不知從何說起,所以誰也不願主動搭話,都沉默著,只聽見汽車發出持續的轟轟聲,讓人感到煩悶之極。

車至一路口,不知從哪裡上來了一群工人,每個人的身上都背著一個大背包,手裡還提著不少的東西。他們皆衣著樸素,皮膚黝黑,雙臂粗壯,手上長滿了厚實的老繭,一看便知是從事重體力活的工人。他們一上車,就肆無忌憚地說著,開懷地笑著,親切的鄉音、爽朗的歡笑溢滿了全車,車內的氣氛立刻活躍了起來,大家的目光也都齊聚於他們身上。

第六輯　從容淡定，好心態才有好人生

聽他們言談，知道他們原來是修建某大型水庫的石匠，已經有半年沒回家了。這幾天適逢工地缺料放假，他們就匆匆忙忙地趕回家，看看家中的老人和孩子，順便幫忙搶收成熟的稻穀。他們暢談著自己的孩子，議論著今年莊稼的收成，不時發出一陣陣毫無掩飾的歡笑聲，那單純的歡笑完全發自心靈深處。他們明亮而璀璨的雙眼充滿了期待與希望。突然間我被他們的快樂感染了，完全忘懷了自己因事情沒辦成而帶來的沮喪。

到了中午，汽車停靠在一家餐廳門前，大家紛紛下車吃飯。那幾個工人也下了車，但他們並沒有跨進餐廳，而是從身邊的口袋裡掏出一瓶水，幾個大餅，蹲在門口啃了起來。換了是我一定為此而感到無地自容，可是他們卻毫不在意，旁若無人似的，大口大口地嚼著，他們的表情是那麼的淡定從容。

我很奇怪，為什麼一瓶礦泉水，兩個大餅，一根劣質的香菸，他們就覺得那樣的滿足，那樣的快樂。也許這正是源於一種簡單的生活。

人有時就是這樣，越是有了身分和地位，越是有了金錢與財富，就越是發現快樂難覓。究其原因，我們總是為自己定下一些遙不可及的目標，與身邊的人盲目地比較、追逐。而人的欲望往往難以滿足，於是煩惱隨之而來，整日牢騷滿腹，抱怨聲聲。

越是簡單的人活得越快樂，越充實，工人不會刻意地去追慕世俗名利，不會好高騖遠，不著邊際，奢望生活過多的給予，

也沒有時間去多愁善感，抱憾生活。他們懂得知足常樂，腳踏實地，量力而為。

家有豪宅萬千，夜寐僅需七尺，縱有良田千頃，日食不過三斗。我們又何必為這些東西而苦惱呢？一個人，如果願意將生活的眼光放低一些，也許就會坦然一些；如果知足一些，也許就會快樂一些；如果恬淡一些，也許就會幸福一些。

簡單，本身就是一種快樂。

微笑的種子

那天，我下班回家，在路上遇到一個可愛的小女孩，她揚起長長的睫毛，微笑著喊我叔叔。孩子的眼睛清澈透明，純潔真誠，看起來天真可愛。儘管我並不認識這個小女孩，但我還是被她燦爛的微笑感染了，情不自禁地也在自己臉上綻放出一朵花來，並親切地對小女孩說，小朋友好！曾幾何時，我也曾有著和小女孩那樣天真爛漫的微笑，但隨著年齡的漸長，生活的艱辛，我收斂起了自己的笑容，變得嚴肅、冷漠、一本正經。尤其是在我大學畢業之後，做了一名教師，為了維護自己的尊嚴，我一次又一次地強壓著微笑，努力地繃緊鬆弛的面孔。我生怕嘴角一牽動，就影響了自己高高在上的形象和地位。於是，我更加吝惜自己的微笑，人前人後總是板著一副冷冰冰的面孔。

第六輯　從容淡定，好心態才有好人生

　　要不是遇到這個小女孩，我可能永遠也無法體會到，原來微笑是如此的美麗，如此的溫暖，如此的令人心醉。那一瞬間，我終於明白了，為什麼〈蒙娜麗莎〉會價值連城，受到那麼多人的推崇和喜愛；為什麼「回眸一笑」會有那麼大的魅力，能醉倒千千萬萬古往今來的文人騷客。原來答案皆在這笑裡。

　　寫到這裡，我不禁想起一個故事：曾經，有一個憂鬱者向一個智者請教，如何才能變得快樂？智者說：請學會微笑吧，向所有的一切。

　　於是，憂鬱者走了。他按照智者的指引，去尋找微笑，去付出微笑。半年後，一個快樂者來到智者的面前。他告訴智者，他就是半年前那個曾求教於智者的憂鬱者。

　　曾經的憂鬱者說：「當我第一次試著把微笑送給那位我曾熟視無睹的送報者，他還我以同樣真誠的微笑時，我發現天是那麼藍，樹是那麼綠，送報者離去時哼著的歌是那麼動聽；當我第二次把微笑送給那位不小心把菜湯灑在我身上的侍者時，我收穫了他發自內心的感激，我似乎看見了人與人之間流動著的溫情，這溫情驅散了我內心聚積著的陰雲。後來，我不再吝惜我的微笑，我把微笑送給街邊孑然獨行的老人，送給天真無邪的孩子，甚至送給那些曾經辱罵過我的人時，我發現，我其實收穫了高於自己所付出幾倍的東西。它讓我更加自信、更加愉快，也更加願意付出微笑。」

　　「你終於找到了微笑的理由。」智者說：「假如你是一粒微笑

的種子,那麼,他人就是土地。當你把微笑的種子種下,你會得到意想不到的收穫。」生活中,我又何嘗不是尋找著快樂的憂鬱者呢?我告訴自己,從現在開始,我要在自己的臉上開出一朵花,面向所有的一切。

另一隻眼睛看幸福

　　週末去看望一位朋友,他是我中學時代的一位同學。不久前,與他相依為命的母親逝世了,朋友很傷心,一下子憔悴了許多。朋友是一位很不幸的人,在他很小的時候,父親就因一次意外去世了。這麼多年,是母親一個人將他撫養成人。眼見他事業有成,可以好好孝敬母親了,可是母親卻在這個時候離他而去。在這個世界他再也沒有一個親人可以依賴,也再沒有一個親人可以侍奉。朋友悲傷地說:「我不羨慕那些家財萬貫的人,也不羨慕那些聲名顯赫的人,我只羨慕那些有父母在耳邊時常嘮叨的人。」聽了朋友的訴說,突然間我覺得自己是那麼的幸運,那麼的幸福。因為不僅我的父母健健康康,連我的爺爺奶奶和外公外婆也都還健在。為人父母,還能沐浴在父母溫暖的愛河裡,這是一件多麼幸福的事啊!遺憾的是以前我一直沒有體會到。

　　傍晚,經過一個露天公園時,看見許多老人正在那裡唱歌跳舞,他們的神色是那麼專注,他們的表情是那麼和悅。每一個

第六輯　從容淡定，好心態才有好人生

動作，每一句歌詞，都透露出他們對生活的熱愛。我完全被他們吸引了，情不自禁地走了過去。細看之下，才驚奇地發現，他們都是殘疾人士。這些老人們每天都要來公園義演，不為別的，只為心中那份信念和信仰。從他們的臉上，看不出絲毫的失望，也找不到一絲的不快。雖然他們不幸成了殘疾人士，但他們的心態是積極的，健康的，快樂的。望著他們並不算美麗的舞姿，聽著他們並不算悠揚的歌聲，突然間我覺得自己是那麼的幸運，那麼的幸福。他們肢體殘缺尚能如此樂觀，笑對生活，那麼我一個四肢健全的人，又有什麼理由不快樂，不幸福呢？

夏天的時候，我坐在冷氣房裡悠閒地翻著書，喝著茶。在對面不遠的地方有一個建築工地，一群工人正頂著烈日努力地工作著。熱了，就用手背抹一把汗水，然後順勢一甩。渴了，就仰著脖子在水龍頭下咕嚕咕嚕地牛飲一通，然而又繼續手頭的工作。在火一樣的陽光下，他們一邊喊著口號，一邊揮舞著有力的手臂，一副自得其樂的樣子。雖然他們吃著最簡單的飯菜，住著簡易的工棚，吸著劣質的香菸，但他們並不悲觀，他們的眼裡充滿了希望和期待。望著他們，突然間我覺得自己是那麼的幸運，那麼的幸福。

秋天的時候，我應邀去一山區采風。沒到那裡之前，我根本無法想像世界上還有這麼貧窮落後的地方。那裡山高路遠，懸崖峭壁，交通十分不便，趕一次集，一般都要步行好幾個小時才能到達。那裡土地貧瘠，氣候無常，能夠栽種的基本上只

有馬鈴薯、玉米、蘿蔔和白菜,他們的一日三餐也主要吃這些東西。然而,面對貧困的生活,他們的心態十分平和,極少抱怨,總是以大山般的胸懷容納一切,高興地迎接著每天升起的太陽。想想他們的處境,突然間我覺得自己是那麼的幸運,那麼的幸福。

生活往往就是這樣,只要你把目光放低些,時刻以一顆感恩的心審視世界,你就會發現原來生活是如此美好,自己是如此幸運,如此幸福。

幸福可以提升

進入 21 世紀,職業競爭日益激烈,人們生活節奏也不斷加快,來自四面八方的壓力接踵而至,鬱悶、焦慮、煩躁、悲觀、失望、功名利祿等,不斷侵襲、困擾著人們的心靈,使人們體驗不到幸福和快樂。

那天,我要出遠門,老婆為我收拾好了行李,坐在長達數小時的客運上,我無聊地打開包包,想把手機取出來聽聽音樂,解解旅途的煩悶。拉開包包的拉鍊,我發現有一張短箋,展開一看,娟娟字跡立刻映入我的眼簾:「如果口渴,保溫杯裡有開水,不要喝冷水,對你的身體不好;包包裡有橘子,要是暈車的話,可以嗅嗅橘子皮,會舒服一些。」以前我厭煩了老婆的嘮叨,但在那一刻,我的心底湧動出了一股奇異的感覺 —— 幸福。

第六輯　從容淡定，好心態才有好人生

　　原來，幸福可以這樣提升：在日常生活中以一種知足常樂的心態面對世事，眼中不要只看到明星、名人，應該多想一想還有很多不如自己的人，想想他們的痛苦和不幸，擺正自己的位置，不盲目比較。一個幸福的人往往不是因為他擁有的多，而是因為他計較的少。保持一份平和的心境，才會享受到幸福的樂趣。

　　原來，幸福可以這樣提升：當別人住著豪華寬敞的別墅，而自己住在鄉間簡陋的瓦房中時，我們慶幸自己遠離了城市的喧囂和汙染，慶幸鄉間有新鮮甜潤的空氣，有綠色無公害的蔬菜，有一望無際碧綠的田野，有真誠而樸實的鄉情。當別人駕著名車疾馳而過，自己還搭乘在擁擠的公車上時，我們慶幸還能體會到別人為你讓座的真情，或者自己為別人讓座的快樂。當別人月收入上百萬，而自己卻領著幾萬元的薪水時，我們慶幸閒暇時可以下下棋，散散步，釣釣魚，無絲竹之亂耳，無案牘之勞形！

　　原來，幸福可以這樣提升：當我們貧窮時，夫妻間恩恩愛愛，相濡以沫，同甘苦，共患難，是幸福；一家人團圓，圍在一起吃飯、看電視，是幸福；與子相悅，執子之手，與子偕老，是幸福。

　　原來，幸福可以這樣提升：當你身處沙漠、口乾舌燥時，一盅泉水是幸福；當你身體疲倦、兩腿如灌鉛時，一張溫暖而厚實的大床是幸福；當你失意落魄、孤獨無助時，輕輕的扶持

是幸福;當你臥病在床時,有人端茶遞水是幸福;當你事業成功時,有人真誠祝福是幸福;當你遭遇失敗時,有人關心和鼓勵是幸福。

原來,幸福可以這樣提升:當你沒有美好的愛情時,卻擁有彌足珍貴的親情,你是幸福的;當你沒有金錢時,卻擁有用錢也買不到的知識,你是幸福的;當你僅有健康的身體時,你還是幸福的,因為這正是無數生命垂危的人所渴求的;當你連健康的身體也沒有時,你也是幸福的,因為你還有一顆積極向上的心……

原來,提升幸福如此簡單,只要換一個角度,就會發現,其實幸福就在我們的身邊。

把快樂傳遞給別人

那天,我去主管辦公室交一份報告,交報告前正好在一張報紙上看到自己的一篇文章發表了,因此我的心情特別愉悅。當我推開主管辦公室的門時,我的臉上情不自禁地溢滿了笑容,並用輕鬆快樂的語氣向主管問好。主管瞧了我寫的報告,不住地點頭,臉上也露出了久違的微笑,並嘖嘖地讚嘆道:「不錯,不錯,真不錯!」聽了主管的誇讚,我不禁有些受寵若驚,寫了這麼久的報告,還是頭一回被主管如此欣賞。

第六輯　從容淡定，好心態才有好人生

記得以前我去交報告，因為老是擔心自己寫的東西不夠深刻，不夠周全，怕不盡如主管的意，進門時總是低垂著頭，沮喪著臉，表情莊重嚴肅。到了主管的身邊雙手將報告奉上，然後一言不發，默默地站在一旁等待著主管的指正和批示。結果總是如自己所擔心的那樣，每次主管看了我寫的報告，不是吹毛求疵，就是在雞蛋裡挑骨頭，讓我改了又改。而這次我寫的報告並不比以往的好，為什麼會受到主管如此的讚賞呢？

經過一番細思，我發現原來快樂和煩惱可以傳遞，可以影響別人的情緒，也可以改變別人對你的評價。以前我總是帶著緊張和不愉快的心情來到主管的辦公室，無形中我把自己的不愉快傳遞給了主管，使他原本比較好的情緒一下子變得沉重了。用不愉快的心情去觀世界，無論風景多麼優美迷人，眼裡也只是殘枝敗葉，落紅繽紛。以前主管正是用這樣一種情緒看我寫的報告，難怪看到的總是缺點。而那天我將愉悅傳遞給了主管，使主管換了一種心情，他用欣賞的目光看我寫的報告，自然看到的全是優點。

我們經常會有這樣的感受，和快樂的人在一起，自己也會變得開朗樂觀。經常和憂鬱悲觀的人在一起，自己的內心也會變得陰暗壓抑。這便是快樂和煩惱的傳遞。

生活中，由於工作的壓力，瑣事的困擾，我們難免會出現不良的情緒。我們要學會控制自己，不要把工作上的不愉快帶到家裡，也不要把家庭的不愉快帶到工作中去。以免影響了別

人,也傷害了自己。

美國著名管理學大師杜拉克(Peter Drucker)曾說:「快樂的人,常為人群帶來凝聚力,為工作帶來愉快,為勞動帶來輕鬆。」因此我們要善於營造好的心情,然後把快樂傳遞給別人。你的快樂就會如星星之火在別人的心裡點燃,並迅速燎原,別人便以同樣的快樂回贈予你。

在工作中,如果我們把快樂傳遞給別人,工作就會得心應手,如魚得水,稱心如意。在家庭中,如果我們把快樂傳遞給家人,我們的生活就會變得和樂融融,安定和諧,幸福美滿。

給自己一片晴朗的天空

在金融危機的影響下,朋友所在的公司破產了,自然他也就失了業。朋友四處求職,結果連連碰壁,因此整日愁眉苦臉、唉聲嘆氣,認為自己時運不佳,英雄無用武之地。漸漸地朋友不再像往日那樣樂觀豁達,笑容滿面,而是變得消沉悲觀起來。

這天,朋友邀我一起喝酒,幾杯暗黃的液體倒入肚中後,朋友的話也多了起來,他開始不停地抱怨:「現在這社會找個工作真難啊,什麼都得講關係,有本事沒用處,沒關係照樣得靠邊站。」朋友的憤懣與不滿,主要來自找工作的不順。待他內心的鬱悶發洩得差不多時,我安慰朋友說:「其實,你那工作丟了也並沒有什麼不好,工作環境差,待遇低,離家又遠,說不定這次

第六輯　從容淡定，好心態才有好人生

失業正是你人生的一大轉機，興許過不了幾天，你就會找到一份滿意的工作。」朋友經我這麼一開導，心緒立刻好了很多，隨即附和著我的話說：「你說得也有道理，那爛工作，完全就是雞肋，食之無味，棄之可惜，現在沒了也未嘗不是一件好事。」

接著我們又聊了一些正面的、開心的話題，在我的影響下，朋友的煩惱完全釋懷了。沒過幾天，朋友果然找到了一份不錯的工作，再次遇見他時，我又看到了他一臉的燦爛。

幸福常常就是這樣，喜歡跟我們捉迷藏，當你苦苦尋覓時，它躲得無影無蹤，當你心態平和、隨遇而安時，它又悄悄地來到你的身邊。所以，我們大可不必因一時的不順而灰心喪氣，鬱鬱寡歡，萬念俱灰。好的心境完全取決於自己對生活的態度，就像面前的半瓶酒，悲觀主義者說，這麼好的酒怎麼就剩半瓶了！而樂觀主義者則說，這麼好的酒還有半瓶呢！

愁也一天，樂也一天，我們有什麼理由不給自己一片晴朗的天空呢？記得曾有一位老人，她大兒子是做傘的，她二兒子是染布的，每當天晴，她就憂心忡忡地說：我大兒子的傘怎麼賣得出去呢？每當下雨她又焦慮萬分地說：我二兒子的布該怎麼辦呢？為此，老人天天發愁，以致憂鬱成疾。直到有一天一位智者對她說，妳為何不換一種心情呢？每當天晴，妳就為二兒子感到高興，因為他可以晒布了。每當下雨，妳就為大兒子高興，因為他的傘可以賣個好價錢了。這樣一想，老人天天都樂呵呵的，身體又恢復了原來的健康。

人生在世,不如意者十之八九,如果我們事事總是想到陰暗的一面,那麼我們永遠也不會得到快樂和幸福,也永遠不會取得事業上的成功。凡事我們都應該想到有利的一面,給自己一片晴朗的天空,那樣我們的生活才會充滿希望和樂趣。

生活,有時不妨阿Q一點

那天,妻子買完菜回來,遞給我五百塊錢,讓我審一審真假。妻子對錢一向不太敏感,每次人家找零給她,回到家她總是會習慣地讓我看一看。我接過錢一看,色澤黯淡,表面光滑,百分之百的假鈔。「假的!」妻子有些驚訝,隨即又氣憤地罵道:「該死的小販,用假錢騙人,我去找他。」

我勸妻子說:「算了,別浪費時間和精力了,誰叫妳當面不看清楚,就權當交一次學費吧!」

「算了?五百元,不行!」

我說:「那些小販的流動性很強,妳上哪裡去找他呀。就算妳運氣好找到了,別人會承認嗎?一定不會。」

聽了我的勸說,妻子仍然難平心頭之氣,中午飯也沒吃就怒氣沖沖地出去了,到了下午才垂著腦袋回到家。我問,找到了嗎?妻子搖搖頭。晚上,妻子依然神色凝重,一句話也不說,腦子裡總想著那事。看她那鬱悶不堪的樣子,哪裡像丟了五百

第六輯　從容淡定，好心態才有好人生

塊錢，簡直就如失去了所有的家產。見妻子如此，我問：「怎麼了？還在為那事生氣呀！不就五百塊錢嗎，有什麼大不了，妳就當是被小偷偷了或是不小心掉了。」

我不說則已，一說妻子更加難受傷心，她哀嘆道：「你知道五百塊錢能買多少斤白菜、多少棵青菜嗎？都怪我當時太粗心，沒有看仔細，我哪會想到他會找假錢給我呀，要是下次讓我逮著了，絕不會輕易饒了他。」

妻子越說越激動，越說越生氣。我繼續勸慰說，妳不妨換一種想法，比如今天妳沒得到這五百塊假錢，可能妳會用這錢給我買一隻雞腿，可能碰巧，雞腿不新鮮，結果我吃了後上吐下瀉，住進醫院，花掉上千元才撿回一條小命。妳想，得了這五百塊假錢不正好免去了我的災難嗎？經我這樣一說妻子的心情一下釋然了，她感嘆說：「是啊！五百塊錢換回一條命，值得。」說完就將那五百元假錢化為了灰燼。

許多煩惱，皆由心生。工作的壓力、生活的困擾、情感的糾葛，攪得人生一波未平，一波又起。令我們失落沮喪，痛苦煩躁，憂鬱苦悶，嚴重影響著我們的健康，左右著我們的工作。

其實，有時候，我們不妨阿Q一點。當一件事已經發生，或是根本無法挽回，苦悶本身毫無意義，也無濟於事。這時，我們倒不如自我安慰，尋求一種心理的平衡，排除不良的情緒，抹去心裡的陰影，保持良好的心態，讓自己在愉快的環境中度過每一天。

學學孩子解煩惱

不久前的一天,因為工作上的小小失誤,主管找我談了一次話。談話的內容非常簡短,主管說:「小周啊,你能力一直都很優秀,這次是怎麼了?」我剛想解釋,主管的電話卻響了。他向我揮揮手說:「就這樣,你先下去吧。」

回到辦公室,我的心情十分低落,腦海裡總想著主管剛剛說的那句話。主管是不是對我有意見了?以前我犯點小錯,主管都是睜一隻眼閉一隻眼,裝作沒看見或沒聽見,從未單獨跟我談過話。這次主管是不是在暗示我什麼呢?我突然想起前幾天的一次會議上,主管有一個字唸錯了,並且反覆出現了數次。我有一個不好的習慣,聽著別人讀錯字,心裡就難受。儘管我一忍再忍,但最終還是控制不住指正了主管。主管會不會因為這件事挾私報復呢?最近公司正在打考績,我升等又正好還差一點績效。要是因為這件事得罪了主管,升等的事一定無望了。對此,我越想心越煩,越想情緒越低落。

下午,我悶悶不樂地回到家,什麼事也不想做,一個人躺在床上,反覆地揣摩著主管話裡話外的意思。正在我長吁短嘆之際,女兒放學回來了,她一進門就嚷著向我要錢。我的心情本來就不好,經她這一煩,我就火了,大聲地罵了她幾句。女兒覺得委屈,坐在沙發上傷心地哭了起來。我沒有理會她,繼續想自己的心事。

第六輯　從容淡定，好心態才有好人生

　　不知何時女兒已停止了哭泣，打開了電視，津津有味地欣賞起她喜歡的節目。或許電視裡正上演著什麼有趣的事，女兒看後嘻嘻哈哈地笑個不停，那歡喜快樂的樣子，宛若壓根就沒有發生剛才不愉快的事。我很奇怪，幾分鐘前，她還是一副傷心欲絕的樣子，怎麼才一會兒的工夫，她就像換了一個人似的，把所有的苦惱都忘得一乾二淨。從她的臉上我根本無法找到一絲不快樂的痕跡，我甚至有些懷疑剛才自己是否真的責罵過她，是否真的傷害過她的自尊。

　　看著女兒幸福快樂的表情，我不禁在想，我們成年人為何不能像小孩子一樣生活呢？人生在世，不如意的事十有八九。如果總是囿於這種「不如意」之中，終日憂心忡忡，那麼生活就失去了應有的光彩。成年人的「惱」，往往是自尋煩惱。生活過於小心謹慎，總是把原本簡單的事情想得太複雜，結果滋生出無盡的煩惱。如果我們能像孩子一樣善於遺忘，善於發現美好的事物，易於滿足，以「平常心」對待生活。不想昨天，也不想明天，只想現在。興許我們就能在平凡中時時感受到快樂的滋味。

　　想到這些，我鬱結的情緒一下子釋然了。我從床上爬起來，開心地陪著女兒一起看電視，玩遊戲。

幸福其實很簡單

那天，我和幾位同事在辦公室閒聊，其中一個女同事說：「真羨慕某某人，年紀輕輕，就有房有車有存款，哪像我們這些人，工作了大半輩子，還沒賺到一間房子，吃穿住行都得省之又省，我們真是太不幸了。」另一位同事接過話茬說：「可不是？做我們這個工作就是沒意思，撐不死，餓不死，一輩子受苦受窮。你看那些做生意的，穿的是名牌，吃的是山珍，人家那才叫生活，才叫幸福。」爾後，其餘同事也紛紛發表了自己的看法，言語間都透露出對現實生活的極度不滿。

聽完大家的滿腹牢騷，聲聲抱怨，我不禁在想，什麼是幸福？怎樣才算幸福？難道幸福真的是只屬於有錢人的專利嗎？

曾讀過這樣一個故事：在一個風和日麗的午後，一個富翁來到海邊度假，發現一個漁夫正躺在沙灘上睡覺，他不免有些好奇。問漁夫：「今天這麼好的天氣，正是捕魚的大好時機，你怎麼躺在這裡睡覺呢？」

漁夫說：「我已經捕夠了今天需要的魚，所以沒事晒晒太陽。」

富翁說：「那你為什麼不趁天氣好再撒幾網，捕更多的魚。」

「捕那麼多魚做什麼呢？」漁夫不解地問。

富翁說：「那樣你就可以在不久的將來買一艘大船。」

第六輯　從容淡定，好心態才有好人生

「那又怎樣呢？」

「你可以僱人到深海去捕魚。」

「然後呢？」

「你可以開一家魚品加工廠。」

「然後呢？」

「你可以買更多的船，捕更多的魚，把加工後的魚賣到世界各地。」

「然後呢？」

「那你就可以做大老闆，再也不用捕魚了。」

「那我做什麼呢？」

「你就可以在沙灘上晒晒太陽，睡睡覺了。」

漁夫說：「我現在不就在晒太陽，睡覺嗎？」

　　人的欲望是永無止境的，不管你怎樣努力都無法滿足。當我們沒有房屋遮風避雨時，我們以為只要擁有一間房子，就一定會很幸福。而事實上，當我們真正擁有它時，依然不幸福，因為我們發現擁有的這間房子太狹小、太簡陋；當我們沒有麵包時，我們以為只要一日三餐都能吃到香甜的麵包，就一定會很幸福。而事實上，當我們真正擁有它時，我們依然不幸福，因為我們發現別人吃的都是大魚大肉；當我們沒有呼風喚雨的權力時，我們以為只要擁有至高無上的權力，就一定會很幸福。而事實上，當我們真正擁有它時，我們依然不幸福，因為

幸福其實很簡單

我們發現自己身邊已沒了真誠的朋友。

　　幸福總是喜歡跟我們捉迷藏，當我們滿世界尋找它，想要與它緊緊相擁，它躲得遠遠的，不見一點蹤跡。當我們繞了一個大圈子，累了，疲憊了，只想靜靜地休息，驀然回首，才驚奇地發現，原來幸福一直就在自己的身邊。

　　幸福，其實很簡單。正如故事中的漁夫，只要我們換一種心態，換一個角度，擁有現在，幸福即可隨處拾得。

第六輯　從容淡定，好心態才有好人生

第七輯
烏雲無法永遠遮住陽光

本輯編者　沈岳明

　　蝴蝶不畏懼風的力量,不忘記自己的信仰,迎風而上。一隻弱小的蝴蝶都能這樣,更何況我們人類?

　　生活中,面對困難與挫折,我們要迎難而上,成功的大門終將為我們而開。

第七輯　烏雲無法永遠遮住陽光

做一隻不順從的蝴蝶

他生於西元 17 世紀愛爾蘭一個有權有勢的大公爵之家。在這個權貴之家，唯有他不想成為達官貴人。父親將他帶到一處曠野，指著漫天飛舞的紙片說：「你看到沒有，這個時代已經颳起了一股風，任何東西都得隨風而走，在這股風中，個人的力量是很渺小的，我看你還是跟你的哥哥們一樣，去政府謀個一官半職吧！」

他說：「可是，爸爸，我發現，空中有一隻小蝴蝶，儘管牠是那麼弱小，可是牠為什麼就不跟風一起飛呢？」他的父親看到，空中還真有一隻蝴蝶正在逆風飛翔，儘管風將牠的翅膀吹得歪歪斜斜，但牠始終在向著自己的方向飛翔。於是，他的父親嘆了口氣說：「孩子，你是一個有著自己獨立思想的人，只是，今後你會為此付出很多，既然你想當一隻不順從的蝴蝶，那麼我答應你的選擇！」他的父親只好送他去英格蘭讀書。

可是，在學習期間，卻沒有哪個老師喜歡他。主要原因是他不但笨，而且還不聽話，很多在別人眼裡再簡單不過的事情，他也要向老師問個不停，並且還老是懷疑老師給出的答案。很多次老師講課時，因為他的懷疑而不得不停下來耐心地跟他解釋。

有一次，老師講到黃色混入藍色即變綠色時，他睜著一雙疑惑的大眼睛問：「您說的是真的嗎？」老師說：「這是誰都知

做一隻不順從的蝴蝶

道的道理!」他再問:「那您有沒有親自做過實驗呢?」老師很不耐煩地說:「如果你不相信,那就去做實驗好了!」

誰知道,他還真的去了實驗室,取了黃色和藍色兩種顏料,並將其混在了一起,結果綠色出現了。這時,老師得意地望了望全班同學,然後對著他做了個鬼臉,全班同學頓時哄笑了起來。只有他不笑,他還是疑惑地瞪著那盆綠色的顏料發呆。老師問他:「這下你應該明白我說的話是對的了吧?」他點了點頭後,又搖了搖頭說:「這次,您說的確實是對的,但不能證明您說的話永遠是對的!」老師瞪著雙眼狠狠地說:「你,真是一個不聽話的傢伙,這樣下去,你一定會吃虧的!」

還有一次,老師說:「空氣和氫氣在一定比例下,遇到火花會爆炸。」他當即問道:「您說的是真的嗎?」老師說:「難道你沒看到嗎,你現在學的化學書上就是這麼說的。」他瞪大眼睛說:「可是,我沒有親眼見到,還是有點不相信!」老師說:「你該不會又要親自做一下實驗吧?」他說:「是的,我正是這樣想的。」老師的臉變色了,說:「這可不是鬧著玩的,弄不好你會受傷的。」可是他固執得很,說:「難道僅僅因為怕受傷,就放過這個不知是對還是錯的答案嗎?」

那次的實驗,不但將他的眉毛全燒光了,還差點毀了他的眼睛。這樣的事情他做過不下千次,可是他從來就沒有退卻過。有一次,他決定做一個試驗,他想,如果將鹽酸滴到紫羅蘭花瓣上,不知是個什麼結果。老師連想都沒想就對他說:「這個試

驗將沒有任何意義,因為結果我早就從教科書上得到了,鹽酸對紫羅蘭花瓣不會產生任何作用!」

但固執的他還是堅持做了這個實驗。他把一滴鹽酸滴到紫羅蘭花瓣上後,不一會,花瓣竟由紫變紅了。這個結果不但使他很驚奇,也使他的老師很驚奇。他又用其他各種酸性溶液做同樣的試驗,結果紫羅蘭花瓣同樣都由紫色變成了紅色。

這一發現使他大為興奮,後來,他又用鹼做試驗,發現鹼也能使紫羅蘭改變顏色。就這樣,他發明了鑑別酸與鹼的指示劑 —— 石蕊試紙,為科學研究工作帶來了很大的方便。他就是偉大的科學家 —— 波以耳(Robert Boyle)。波以耳還根據實驗闡明了氣壓升降的原理,並發現了氣體的體積隨壓力增強而改變的規律,後來在物理學中被稱為「波以耳定律」。

波以耳常常跟自己的學生們說起自己小時候看到的那隻逆風飛翔的蝴蝶。他說,風可以吹飛一張大紙,以及更多更重的東西,卻無法吹跑一隻弱小的蝴蝶,因為生命的力量是不順從。也正是因為不順從,才讓生命有了力量!

樂觀的價值

英特爾公司的總裁安迪・葛洛夫(Andrew Grove)曾是美國《時代》(Times)週刊的風雲人物。在 1970 年代,他創造了半導

> 樂觀的價值

體產業的神話,很多人只知道他是美國鉅富,卻不知道他的人生也有鮮為人知的苦難經歷。

由於家境貧寒,安迪‧葛洛夫從小便吃盡了缺衣少食和受人蔑視的苦頭,他發誓要出人頭地。他比同齡人顯得成熟而老練,在上學期間便表現出了他的商業天才,他會在市場上買來各種零件,經過組裝後低價賣給同學,他只從中賺取手續費。由於他組裝的半機械比原裝的便宜很多,而品質卻不相上下,所以在學校裡很熱賣。他的學習成績也異常優秀,他的好學與經商的聰明才智得到了老師的表揚。可是誰也想不到,他竟是個極度悲觀的人,也許是受貧困的家境影響,凡事他都愛走極端,這在他以後的經商之路上淋漓盡致地表現了出來。

那是安迪‧葛洛夫第三次破產後的一個黃昏,他一個人漫步在家鄉的河邊。他從早早去世的父母,想到了自己辛苦創下的基業一次次破產,內心充滿了陰雲。悲痛不已的他在嚎啕大哭一番後,望著滔滔的河水發呆,他想,如果就這樣跳下去的話,很快就會得到解脫,世間的一切煩愁都與他無關了。突然,對岸走來一位憨頭憨腦的青年,他背著一個魚簍,哼著歌從橋上走了過來,他就是拉里‧穆爾。安迪‧葛洛夫被拉里‧穆爾的情緒感染,便問他:「先生,你今天捕了很多魚嗎?」拉里‧穆爾回答:「沒有啊,我今天一條魚都沒捕到。」拉里‧穆爾邊說邊將魚簍放了下來,果然空空如也。安迪‧葛洛夫不解地問:「你既然一無所獲,為什麼還這麼高興呢?」拉里‧穆爾

175

樂呵呵地說：「我捕魚不全是為了賺錢，而是為了享受捕魚的過程，你難道沒有覺得被晚霞渲染過的河水比平時更加美麗嗎？」一句話讓安迪‧葛洛夫豁然開朗。於是，對生意一竅不通的漁夫拉里‧穆爾，在安迪‧葛洛夫的再三央求下，成了英特爾公司總裁安迪‧葛洛夫的貼身助理。

很快，英特爾公司奇蹟般地再次崛起，安迪‧葛洛夫也成了美國鉅富。在創業的數年間，公司的股東和技術菁英不止一次地向總裁安迪‧葛洛夫提出質疑，那個沒有半點半導體知識、毫無經商才能的拉里‧穆爾，真的值得如此重用嗎？

每當聽到這樣的問題，安迪‧葛洛夫總是冷靜地說：「是的，他確實什麼都不懂，而我也不缺少智慧和經商的才能，更不缺少技術，我缺少的只是他面對苦難的豁達心胸和面對人生的樂觀態度，而他的這種豁達心胸和樂觀態度，總能讓我受到感染而不至於做出錯誤的決策。」

樂觀就是無論遇到多大的困難仍不失向前的勇氣。對人生持有樂觀的態度有助於自身素養的提高，有助於人生的昇華。

刁難是不斷的動力

巴斯德（Louis Pasteur）從小就想當一個有學問的人。可是，他不明白，自己要怎樣做才能當一個有學問的人。那時，

> 刁難是不斷的動力

有人得知巴斯德的這種想法後，覺得非常可笑，因為巴斯德的父親是拿破崙麾下的一位騎兵，完全是個沒讀過書的武夫。於是他就諷刺巴斯德說：「你如果能夠成為博士，那就成了一個有學問的人！」巴斯德沒覺得這句話有什麼不妥，從此他認真地讀起了書，並在 25 歲時獲取了物理學博士學位。

既然是物理學博士，那就應該研究點什麼東西呀，可是，巴斯德竟然沒有找到一個研究課題。有人嘲笑他：「那你就研究『生命的奧祕』吧。」原來當時的歐洲大陸，在知識分子中流行的是「自然發生論」，認為生命可以由沒有生命的物質中自然產生。比如：腐爛的木頭可以生出蛆來，腐爛的肉裡可以長出蒼蠅。甚至還有更玄乎的，有人稱，只要在老鼠籠內撒些麵包屑，籠子內就會蹦出老鼠來。

巴斯德覺得，「生命的奧祕」還真是值得好好研究一下。隨著研究的深入，巴斯德發現有些理論是錯誤的。在西元 1859 年至 1861 年，巴斯德經過了認真的實驗，他將加溫煮沸的肉放在開口彎曲的瓶子中，裡面什麼蟲也沒長出來，因而強而有力地駁斥了當時的理論。

現今在生物學課本上，都記載了巴斯德實驗的正確性。但是當時幾乎所有科學家都反對他。然而巴斯德仍然堅持自己的看法，並提出食物的腐爛是微生物的作用，他說：「微小的細菌，看起來是靜止的，但是只要有合適的環境，也會遵守生命的法則來活動。」這一宣稱使得反對他的人更為激烈，並紛紛提

第七輯　烏雲無法永遠遮住陽光

出了更為棘手的問題來刁難他。

西元 1867 年,有人質問他:法國的蠶為什麼會生病?巴斯德根據三年實驗結果,分離出兩種致病的桿菌,發現了治療這種疾病的方法,並且無意間拯救了法國的蠶絲與服裝業。又有反對他的人提出:酒為什麼會自然變酸?西元 1870 年,巴斯德提出那是微生物的作用,並且提出高溫殺菌法,使酒保持新鮮;同樣的方法也可以使牛奶保持新鮮。他又拯救了食品業,反對他的人只好勉強送他一個勛章。

後來的 12 年間,陸續有人問他羊的炭疽病、豬的紅斑丹毒病、雞瘟以及被視為絕症的可怕的狂犬病,他都一一找出病毒,並將其解決,開創了免疫學與傳染病控制學的先河。

最終,巴斯德被世界公認是對人類最有貢獻的科學家。他發現微生物是造成人類疾病的主要原因,控制病菌,就可以得到治療,甚至可以預防疾病。他在傳染病與免疫學上的貢獻,使世界上每一個角落的人都受到了幫助。

有趣的是,他的所有重要發現,都是源自他的對手提供的難題,而非自己去找來的。有人問巴斯德:「您是怎麼找到這麼多的研究課題,並對之有重要發現的呢?」

巴斯德風趣地說:「我可沒有時間也沒有必要去尋找研究課題,因為自有那些喜歡刁難別人的人幫我找難題,而我只要花些時間和精力去尋找正確的答案就行了!」

人生中,幾乎每個人都會遇到一些喜歡嘲笑、挖苦甚至刁難他人的人,他們總是以此為樂,樂此不疲。如果你以同樣的方式也去嘲笑、挖苦甚至刁難他人,那麼,你也會變成他們中的一員。如果你將他們的嘲笑、挖苦和刁難當作讓自己奮進的動力,那麼,你就會發現自己的收穫竟然源源不斷。

選好心田的種子

法國作家莫泊桑(Henry Maupassant),很小時便表現出了出眾的聰明才智。只要是他讀過的書,不管是什麼人、什麼時候問起,他都能夠倒背如流。而且他愛好廣泛,不但熱愛讀書、背書、寫詩、作文,還喜歡踢足球、彈鋼琴、修理汽車、去燒鵝店學習製作燒鵝,甚至連去鄉下種菜都是他熱衷的事情。

有一天,莫泊桑跟舅父去拜訪他的好友、著名作家福樓拜(Gustave Flaubert)。莫泊桑的舅父想將他推薦給福樓拜,讓福樓拜做他的文學導師。可是,莫泊桑卻驕傲地問福樓拜究竟會些什麼。福樓拜反問莫泊桑會些什麼,莫泊桑得意地說:「我什麼都會,只要你知道的,我就會。」

福樓拜不慌不忙地說:「那好,你就先跟我說說你每天的學習情況吧。」莫泊桑自信地說:「我上午用兩個小時來讀書寫作,用另兩個小時來彈鋼琴,下午則用一個小時向鄰居學習修理汽

第七輯　烏雲無法永遠遮住陽光

車,用三個小時來練習踢足球,晚上,我會去燒鵝店學習怎樣製作燒鵝,星期天則去鄉下種菜。」說完後,莫泊桑得意地反問道:「福樓拜先生,您每天的工作情況又是怎樣的呢?」

福樓拜笑了笑說:「我每天上午用四個小時來讀書寫作,下午用四個小時來讀書寫作,晚上,我還會用四個小時來讀書寫作。」莫泊桑不解地問:「難道您就不會別的了嗎?」福樓拜沒有回答,而是接著問:「我還想問問,你究竟有什麼特長,比如有哪樣事情你做得很好的?」這下,莫泊桑答不上來了。於是他便問福樓拜:「那麼,您的特長又是什麼呢?」福樓拜說:「寫作。」

原來特長便是專心地做一件事情。莫泊桑終於明白了福樓拜的良苦用心,並下決心拜福樓拜為文學導師,一心一意地讀書寫作。莫泊桑一生共創作出了中短篇小說約300篇、長篇小說6部、遊記3部,以及許多關於文學和時政的評論文章。他的《脂肪球》(*Boule de Suif*)更是得到了世人的好評,最終取得了跟他的文學導師福樓拜同樣豐碩的成果。

人心是塊田,你種下什麼,便會長出什麼。但如果你將玉米、黃豆、小麥和南瓜通通種在一塊田裡,那將什麼也長不出來。只有選擇一顆適合自己的種子,並日積月累地以汗水澆灌,才能培育出成功的果實。

外力擠壓出來的才能

年輕的大學畢業生奧爾特加（Amancio Ortega），憑藉自己出色的筆試與面試成績，很快便在一家服裝公司找到了工作。奧爾特加的職務是服裝公司總經理助理，工作是協助總經理處理工作。可是，才上幾天班，總經理便對奧爾特加橫挑鼻子豎挑眼，這讓奧爾特加感到非常委屈。

比如，奧爾特加做的一份報表，只不過因為文字小了一號，總經理便以自己的眼睛不好，看不清楚而大發脾氣。就在奧爾特加將報表改過之後，依然不依不饒地訓斥了他好長時間。

又有一次，因為一個客戶投訴，有一箱貴重的服裝竟然少了一件，奧爾特加又遭到了總經理的嚴厲斥責。但隨後客戶又道歉說，是他自己點錯了數量，服裝根本就沒有少。儘管那完全是一場誤會，但是總經理卻沒有減少對奧爾特加的指責。

像這樣的事情，幾乎每天都會出現。大約半年時間後，奧爾特加實在忍受不了了，於是決定辭職。但奧爾特加又想，自己的才能還沒有得到充分的施展，就這麼輕易地放棄實在可惜。於是，他決定要做一件像樣點的事情之後再走，也免得總經理老是懷疑自己的能力，以為自己辭職不做是因為能力有限。

那是一次商業談判，因為總經理臨時有事，於是便委派奧爾特加去與客戶談判，結果奧爾特加一舉拿下了一個大訂單，那可是自公司創辦以來最大的一筆業務。可是總經理卻沒有表

第七輯　烏雲無法永遠遮住陽光

揚他，還指責他說，如果是總經理親自去的話，可能還會獲得更大的訂單。

這讓奧爾特加備受打擊。為了讓總經理對自己刮目相看，隨後奧爾特加又陸續為公司拿下了更多更大的訂單。公司的業務越來越好，全公司的人都知道，奧爾特加出力最多，功勞也最大。可是，總經理對奧爾特加卻沒有多少讚譽之詞。

奧爾特加再也無法忍受，他終於憤怒地將辭職書放到了總經理的面前。可是，總經理這次卻沒有對他板起面孔，而是笑了起來，並問：「你真的要走嗎？」奧爾特加毫不猶豫地說：「您現在就算給我當總經理，我也不會做了！」

總經理依然滿臉笑容地說：「你說得對，我確實要讓你當總經理！」總經理這突如其來的轉變讓奧爾特加驚愕不已，嚇得半天說不出話來。良久，奧爾特加才結巴地說：「不，不會吧？」總經理說：「你是不是感到奇怪，之前，我為什麼對你這麼嚴厲？其實我早就看出你是一個有才能的年輕人，所以便將你當成我的接班人開始培養。透過一年多時間對你的觀察與培養，我覺得你完全有能力來管好這個公司。」

奧爾特加依然呆呆地站在那裡，不敢相信眼前的一切。總經理接著說：「我很快就要退休了，所以必須找一個有能力的人來管理公司，如今有能力的人很多，但要想將能力發揮出來，還需要一些條件。有句名言是這樣說的：『人的才能就如海綿裡的水，如果沒有外力的擠壓，它是流不出來的。』為了讓你的

才能得到更好的發揮，我給了你一些這樣的『外力』，你不介意吧！」

聽到總經理言辭懇切的話語，奧爾特加激動得連連搖頭。總經理又接著說：「你和公司今後的路還很長，也會遇到更多的『外力』。有的人在外力的擠壓之下喘不過氣來，最後被壓得趴下了；而有的人在外力的擠壓之下，卻能讓才能得到更好的流露。我希望你是後者。」奧爾特加重重地點了點頭。後來，他遇到的「外力」確實越來越多，也正是因為那些「外力」的擠壓，讓他的才能得到了釋放。如今，奧爾特加的服裝店已成為世界第二大服裝公司，專賣店遍布全球。2011 年，奧爾特加以 310 億美元的資產，排名富比士富豪榜第 7 名。

人生最不能失去的

一個商人，在破產之後，不但車子、房產全部被拍賣後抵了債，而且多年辛苦打拚的事業也毀於一旦，失去了繼續生存下去的勇氣。公司一倒，員工們也都作鳥獸散了，以前的朋友現在竟然形同陌路。更重要的是，他的女友也跟著別人跑了。事業、財產、愛情、友情都相繼失去之後，他可以說什麼都沒有了，成了一個真正的孤家寡人。商人覺得，自己已經沒有必要再留在這個世界上了。

第七輯　烏雲無法永遠遮住陽光

　　商人將自己的故事向一位長者傾訴完後，就準備了結自己的生命。可是，卻被長者及時阻止了。長者說：「你還有一樣最重要的東西沒有失去，只要擁有了這樣東西，你所有失去的都會回到你的身邊。」

　　商人苦笑道：「我還能有什麼重要的東西？」長者說：「未來。」商人似懂非懂地問：「未來？」長者說：「是的。當一切離你而去後，未來還會在某個地方等著你。你想一想，剛來到這個世界上的時候，你擁有事業、財產、愛情和友情嗎？」商人說：「沒有。」長者說：「那麼你那時擁有未來嗎？」商人答道：「有。」長者說：「你那時擁有未來，所以後來便有了一切，現在你仍然擁有未來，就證明你依然能夠擁有一切的。」

　　商人恍然大悟，終於斷了輕生的念頭，並且經過再次打拚之後東山再起，最終又擁有了一切。

　　他的名字叫做川普，是美國的一位商人。在1990年代初期，川普破產時，個人債務竟然高達9億美元，他的午餐費依破產委員會的規定，不能超過10美元。如今，川普的身家再次達到了30億美元，又成了一個名副其實的富商，並且再次擁有了他曾經失去的一切。川普在接受記者採訪時說：「我之所以能夠再次贏得成功，是因為我相信了一位長者的話，一個人只要還擁有未來，就算他失去了一切，也都會重新擁有。」

　　經常聽到或者看到這樣的故事：一些年輕人因為事業的一時不如意，而放棄了生命、放棄了自己的未來；也有的人因為愛

情的失利,而放棄了生命、放棄了自己的未來,卻沒有想到,人生中,最重要的不是其他,而是生命與未來。

賞賜是獎勵成果的

以色列科學家謝赫特曼(Dan Shechtman),小時候家境貧困。俗話說,窮人的孩子早當家。因為父親常年患病,需要醫藥費,所以懂事以後的謝赫特曼總是在學習之餘還要身兼數職,賺錢給父親治病以及養家。

儘管謝赫特曼的兼職不少,但是為了賺到更多的錢,他又參與了一項能夠應用到材料、生物等多個領域的科學研究。為了工作,他的生活從來沒有白天與晚上之分,有時每天才睡3個小時。

儘管謝赫特曼每天都在努力工作,可收穫卻很小。看到同實驗室的人都拿到了豐厚的獎金,他再也忍不住地去找了研究項目的負責人。謝赫特曼說:「我每天也在努力地工作,為什麼除了微薄的基本薪資以外,再也沒有得到過像同事們一樣多的獎金呢?」

負責人理直氣壯地反問他:「你的同事們之所以得到了獎金,是因為他們的工作出了成果,請問你的成果在哪裡?」一句話,讓謝赫特曼沉默了。從此,謝赫特曼再也沒有向項目負責人提過獎金的事,也不再只知道埋頭努力工作,而是想盡辦法

第七輯　烏雲無法永遠遮住陽光

研究出成果。

2011 年,由於謝赫特曼在晶體學、材料學研究領域取得了巨大的成功,這次成功不但獲得了同行專家們的認可,還在全球同一領域引起了巨大反響,最終獲得了諾貝爾化學獎。這次的諾貝爾化學獎,所得的獎金非常豐厚,有 140 多萬美元。

謝赫特曼喜獲諾貝爾化學獎的消息,就像長了翅膀一樣很快便傳到了以色列,以色列總理納坦雅胡(Benjamin Netanyahu)當即致電謝赫特曼表示祝賀,他說:「每個以色列人都會感到很開心。」

雖然謝赫特曼早已不像當年那樣缺錢用了,但那一回的經歷卻讓他明白了一個道理:在這個世上,從來就沒有用來獎勵工作努力的賞賜,所有的賞賜都是用來獎勵工作成果的。

信念與興趣

1919 年出生的紐西蘭登山家艾德蒙・希拉蕊(Edmund Hillary)是第一個登上聖母峰的人。那是 1953 年 5 月 29 日,34 歲的艾德蒙・希拉蕊成功地登上了聖母峰的峰頂,這意味著人類在征服自然上又有了一項偉大創舉。

據傳,在艾德蒙・希拉蕊登上聖母峰峰頂之前,就有許多登山愛好者向聖母峰發起過挑戰,可是都未能成功登頂。

信念與興趣

於是，人們對於艾德蒙‧希拉蕊的成功既表示敬佩，又表示好奇，都希望能夠在艾德蒙‧希拉蕊那裡討得一個登上聖母峰峰頂的祕訣。

當有媒體披露，艾德蒙‧希拉蕊之所以能夠成功地登上聖母峰峰頂，依靠的無非是「實用的技巧和足夠多的繩索」時，立刻引來了無數登山愛好者的學習與模仿。可是，儘管人們努力地學習了各種關於登山的實用技巧，以及在登山之時帶上了足夠多的繩索，但依然沒人能夠成功登頂。

於是，人們開始懷疑，艾德蒙‧希拉蕊一定還有其他未曾告人的登山祕訣。不管是媒體還是登山愛好者，都整天守在艾德蒙‧希拉蕊的住處不肯離開，他們不甘心啊！幸好艾德蒙‧希拉蕊是一個隨和的人，不管人們提出什麼問題，他都會耐心地回答，並詳加解釋。可是，他的答案卻始終不被認可。

一天，艾德蒙‧希拉蕊又被人們圍住了，可是，他卻實在無法給人們一個滿意的答案。就在艾德蒙‧希拉蕊不知所措時，他突然想起了一件事情，因為自己的所有技巧與祕訣都公之於眾了，可以說再也沒有什麼隱瞞了，唯一的答案可能只有一個。

於是，艾德蒙‧希拉蕊試探著說：「不知道大家對這個答案滿不滿意：雖然不少人對登山有興趣，但我卻是懷著必勝的信念去登聖母峰峰的，通常有信念者比只有興趣者的力量要大得多。」

第七輯　烏雲無法永遠遮住陽光

人們這才恍然大悟，從此再也沒人來向艾德蒙·希拉蕊討要登山祕訣了。

如果你是吉布斯

如果你是公司裡學歷最高、所做貢獻最大的人，而薪水卻一分也沒有，你還會留在公司繼續工作嗎？你一定會說，誰也不相信這個世界上還有這樣的傻瓜。可是你錯了，這個世界上還真有這麼個傻瓜，他的名字叫做吉布斯（Josiah Gibbs）。

誰都知道，吉布斯是美國歷史上第一位博士生、偉大的物理學家、熱力學大師。可是沒人知道，他在耶魯大學任教期間，從西元 1863 年到 1872 年這 9 年時間裡，學校竟然沒給他一分錢薪水，吉布斯全靠父母存留的一點積蓄勉強度日。

如果你是公司裡學歷最高、所做貢獻最大的人，而薪水卻一分也沒有，你依然默默地為公司服務了 9 年時間。這時同行的人都知道了你是個偉大的人才，都想出天價將你挖過去，而你卻不肯，寧願選擇留在公司裡繼續工作，但公司主管卻只給出與你同等職位的其他人的一半薪水。你一定會說，誰也不相信這個世界上還有這樣的傻瓜。可是你又錯了，吉布斯就這樣做了。吉布斯選擇了拿別人一半的薪水，繼續留在耶魯大學任教。

如果你是吉布斯

此時，如果你又為公司爭得了巨大的榮譽，但是卻沒有一個主管對你說一句感謝的話，當然，獎金更是一分都沒有了。在面對其他公司沒有得到你這個人才而極力誹謗你的時候，公司更是將你往外推，絲毫不管你的死活，你還會留下來繼續為公司賣力嗎？

吉布斯發表的三篇經典論文：〈圖解方法在流體熱力學中的應用〉（*Graphical Methods in the Thermodynamics of Fluids*）、〈論多相物質的平衡〉（*On the Equilibrium of Heterogeneous Substances*）、〈統計力學的基本原理〉（*Elementray Principles in Statistical Mechanics*），那時曾經遭受多方質疑，一度被人視為神經病的胡言亂語。可吉布斯對此沒有任何怨言，依然全心全意地做著自己應該做的工作，那就是——盡全力教好自己的學生！吉布斯一生治學嚴謹，成績顯著，後被選入紐約大學的美國名人館，並立半身像。

如果你選擇了吉布斯，那麼你也就選擇了與吉布斯一樣的苦難和榮耀。如果你的選擇與吉布斯完全相反，那麼你將會一無所有。因為吉布斯的一切都離不開耶魯大學，是耶魯大學給了吉布斯成為第一個博士生的機會，也只有制度嚴謹的耶魯大學，才能設定出那麼多的障礙。因為吉布斯為了做研究擅自離校3年，學校才在吉布斯執教9年的時間裡沒給過他半分薪水，讓吉布斯失去了溫暖而舒適的生活環境，保持了旺盛的創造力。歷史證明，吉布斯的同事們，那些拿著高薪過著優越生活的人，

第七輯　烏雲無法永遠遮住陽光

沒有哪一個達到了吉布斯的成就。正是這些原因，才成就了一代偉人吉布斯！

苦難是最好的老師。苦難能使一個人堅強剛毅，苦難能煥發一個人的鬥志。苦難的背後也可能有意外的收穫。

普朗克的荷包蛋

德國著名物理學家普朗克（Max Planck）在上大學之前，一直對音樂有著濃厚的興趣。他很小的時候就已經具有專業的鋼琴和管風琴演奏水準了。他喜歡舒伯特（Franz Schubert）的〈搖籃曲〉、〈美麗的磨坊少女〉，布拉姆斯（Johannes Brahms）的小提琴協奏曲，還有巴哈（Johann Bach）的〈馬太受難曲〉等。對於家教甚嚴、辦事循規蹈矩、一絲不苟的普朗克來說，音樂是他唯一能放縱自己的感情，使自己的思想不受約束的領地。

西元1874年，16歲的普朗克中學畢業了。但在選擇今後的努力方向時，他卻陷入了躊躇，因為他覺得當一個科學家可能比音樂家更有價值，最終他還是決定選擇放棄音樂，轉而研究物理學。可是，因為曾經對音樂的熱愛，讓他一下子很難將心思放在物理學上，他常常會在研究物理時，眼前飄動著一個個音符，並且會不知不覺地哼起曲子。

這讓普朗克的導師異常氣惱，他曾不止一次地警告普朗克，在研究物理學時，如果再出現心不在焉的情況，他將向學校提

普朗克的荷包蛋

出開除普朗克的申請。可是,普朗克依然無法控制自己去想音樂,嚴重時,他甚至想放棄對物理學的繼續研究,再回到對音樂的研究上去。

一天,普朗克的母親正在廚房做飯,她突然大聲地喊普朗克去趟廚房,當時普朗克正坐在客廳發呆。聽到喊聲,普朗克才如夢方醒地走進了廚房,但他的腦子裡還在想著究竟是選擇音樂還是選擇物理這個問題。

普朗克的母親說:「孩子,你做一個荷包蛋給我吧。」普朗克一時沒明白母親的意思,問:「您這是怎麼啦,為什麼突然要我做一個荷包蛋呢?」母親說:「其實做荷包蛋也是一門學問呢,它可不比你的音樂與物理簡單。」普朗克說:「那好吧,我做給您吧。」

就在普朗克拿起雞蛋準備往灶臺上敲時,母親阻止說:「不要將它打破。」普朗克不解地問:「不將雞蛋打破,又怎麼能做出荷包蛋呢?」

母親笑了,說:「既然你明白這個道理,為什麼既想做荷包蛋,又不想將雞蛋打破呢?」普朗克還是沒明白母親的意思。母親接著說:「現在,你的腦子裡就有這麼一個雞蛋,那就是音樂,如果不將它打破,你就無法做出物理學這個荷包蛋來!」

普朗克恍然大悟,終於徹底放棄了對音樂的留戀,將全部心思放在了對物理學的研究上,最終創立了量子理論這一偉大的成就,這是物理學史上的一次巨大變革,從此結束了經典

第七輯　烏雲無法永遠遮住陽光

物理學一統天下的局面。普朗克由於創立了量子理論而獲得了 1900 年諾貝爾物理學獎。1947 年 10 月 3 日，普朗克在哥廷根病逝，終年 89 歲。德國政府為了紀念這位偉大的物理學家，把威廉皇家研究所改名為普朗克研究所。

普朗克經常說：「如果不把雞蛋打破，就無法做出荷包蛋。我之所以有今天的成功，只不過做了件非常簡單的事，那就是勇敢地將雞蛋打破後，做出了一個荷包蛋。」

當你想要做一件事情時，就應該下定決心，摒棄一切干擾因素，將全部的心思都用在做這件事情上。只有這樣，你才可能獲得成功。

弱者的力量

美國星瑞公司要尋求合作夥伴的消息一經媒體報導，許多中型企業都紛紛出動，使出渾身解數，其中拉塞爾公司從眾多競爭對手中脫穎而出，有望與星瑞公司合作。只是星瑞的總裁史蒂芬‧羅是個脾氣古怪的人，誰也無法預料他還會出一些什麼招數來考驗拉塞爾公司。當得知星瑞公司總裁史蒂芬‧羅決定考核拉塞爾公司的誠信時，拉塞爾公司終於鬆了一口氣，因為拉塞爾公司自認誠信不錯，也有足夠的把握爭取到這次與星瑞公司的合作。

弱者的力量

拉塞爾公司按照星瑞公司的要求找來了7家曾經合作過的公司，星瑞公司公開詢問那7家公司對拉塞爾公司的誠信度是否持肯定意見。令拉塞爾公司大吃一驚的是，前面6家公司竟有3家公司對拉塞爾公司的誠信提出了質疑。儘管拉塞爾公司對那3家公司否定的答案很不服氣，但星瑞公司卻給予了肯定。現在，6家公司有3家公司提出了不同意見，也就是說，場上的票數已經持平。

第7家是普立公司，也是一家最不起眼的小公司。可是，它卻成了最關鍵也是最令人矚目的一家公司，因為它那一票就可以決定拉塞爾公司的前程。令拉塞爾公司萬萬想不到的是，普立公司投了反對的一票！普立公司道出了拉塞爾公司失信於它的原委。原來有一次拉塞爾公司將一張單據在雙方規定的期限內遲給了普立公司一個小時。那時，拉塞爾公司的一位職員在已經處理了許多大公司的單據之後，剛好到了午休時間，便下班了。這樣，普立公司的那份單據便留在了下午上班時才處理，結果整整遲了一個小時。普立公司由此斷定拉塞爾公司瞧不起他們的小公司而故意失信，因為如果不是上面的暗示，一個小職員是沒有權力將普立公司的單據壓下來一個小時的。在確鑿的證據面前，拉塞爾公司終於低下了頭。

這件事令人聯想到了一則寓言。狐狸以自己的媚態迷惑老虎後，便天天狐假虎威地欺負其他動物。當狐狸吵鬧著要吃兔子肉時，老虎只得命豺狼去找了一隻兔子回來。在狐狸吃兔子

193

第七輯　烏雲無法永遠遮住陽光

之前，機靈的兔子說，牠有一個辦法可以讓老虎大王更加寵愛狐狸。兔子說，老虎大王最不喜歡狐狸的鼻子，如果狐狸下次見到老虎的時候用一隻爪子搗住鼻子，那麼老虎大王便會更加喜歡狐狸了。狐狸信以為真，便決定留下兔子來當牠的僕人。

有一次，老虎不解地問兔子，狐狸最近為什麼見到牠時總用一隻爪子搗住鼻子。兔子支支吾吾地不敢說，在老虎說了免兔子的死罪後，兔子小聲地說出了原因：因為狐狸嫌老虎大王有口臭！老虎勃然大怒，立即命豺狼將狐狸咬死後吃掉，兔子則趁機溜了。

在這個世界上，沒有絕對的弱者。正所謂尺有所短，寸有所長，強者自有其強項，弱者也有其長處。所以千萬別忽視了弱者的力量！

▍從失敗中尋找成功的路

他兩歲時便因輕度智障而被父母拋棄，醫生說，像他這樣的孩子，如果他的父母對他沒有足夠的耐心來關心他、引導他，他是很難像正常的孩子一樣生活和成長的。後來雖然陸續有人收養他，但還是因為沒有足夠的耐心來對待他，最終將他遺棄了。

他成了一個流浪兒。因為少不更事，加上智障，他幾乎感受不到什麼痛苦。他每天都去餐廳裡撿別人的剩飯吃，或者去

垃圾桶撿拾那些別人扔掉的過期食品充飢。困了便睡在天橋下或馬路邊的樹蔭下，日子就這樣一天天地過去，他也沒覺得有什麼不好。

隨著年齡的增加，他覺得自己再也不應該這樣下去了，他得找份工作。他去一家餐廳應徵，但沒做幾天便被炒了魷魚。理由是他太笨，根本就不適合在餐廳工作，哪怕是洗菜、打掃環境也做不好。最後，他被好心的雜貨舖老闆聘去當了一名搬運工。出力流汗的事他能作，老闆還誇他做得不錯。可是，一場車禍又讓他失去了這份來之不易的工作。由於他騎著的一輛裝滿雜貨的三輪車跟一輛大貨車相撞，不但他的三輪車報廢了，他還因此失去了一條腿。他再也不能當雜貨舖的搬運工了。

不只是搬運工做不了，就是其他的體力活他也無法做了，除非做點不用費多大力氣的腦力工作。可是，對於沒有學歷的他來說，又能做點什麼呢？有一家食品公司請他去看守倉庫，可是，他卻檢查出了嚴重的肝病，因為長期的乞討生活，讓他感染了病毒。食品公司自然是不能留他了，他只得再次過起了乞討的生活。有幾次，他暈倒在路上，被人送去醫院。當醫院知道他是一個流浪漢後，答應幫他免費治療，終於從死亡線上將他搶了回來。

出院後，他唯一能做的依然是乞討。每當圓月當空，他躺在馬路上透過樹葉遙望星空，便感到無比的空虛，終於，他開始了自學，他想當作家。可是，在努力了數年後，依然沒有哪家

第七輯　烏雲無法永遠遮住陽光

出版社需要他的作品。一轉眼，他便 40 歲了，他覺得自己這一生真的是太失敗了，他對自己的人生徹底失去了希望。

他將自己的經歷寫出來，寄給了一家電臺，他說他是個失敗的人，他沒臉再活在這個世上了。就在他準備自殺的時候，一名電臺的工作人員找到他，並將他救回來。他問電臺的工作人員：「像我這麼失敗的人活著還有用嗎？」電臺的工作人員說：「誰說你活著就沒有用了，你擁有那麼多的失敗經歷，但是你現在依然好好地活在這個世上，這本身便是一個奇蹟、一種力量，如果你能夠將這種奇蹟告訴他人，以這種力量去鼓舞他人，不就能夠證明你的價值了嗎？」

他就是美國著名激勵大師萊斯‧布朗（Les Brown），他不但在電臺開的演講專欄中激勵和鼓舞了許多人，而且還周遊世界，以身說法，幫助很多失敗的人走出了人生的困境。萊斯‧布朗沒想到，自己如此失敗的人生，竟然還能成就另一番成功。萊斯‧布朗經常跟人說：人生中，無論怎麼失敗，只要信念還在，就有成功的希望。

第八輯
別羨慕，一切都是有備而來

本輯編者　程應峰

　　人生在世，無非是認識自己，洗練自己。一個人能否得到快樂，能否取得成功，關鍵在於知道什麼是自己想要的，知道什麼是不可逆轉的，知道以什麼方式實現夢想，知道以什麼心情面對苦難。

第八輯　別羨慕，一切都是有備而來

葉詩文：越質疑，越驚奇

不明發光體出現在人們視界時，人類總會有各式各樣的聯想、疑問。人世間的奇蹟一旦出現，或譽或毀，也在情理之中。她 16 歲創造奇蹟時，各種複雜心理導致的非議將她團團包裹，但她面對質疑，沒有陷入憂鬱的氛圍中，而是不慍不火，從容淡定。她知道，是金子，就算蒙上灰塵，也還是金子。

早在 2010 年亞運賽前，她突發牙痛，檢查後，因擔心上麻藥影響禁藥檢測，她硬是忍著痛，從牙齦抽出血來進行減壓處理。為此，美國 CNN 對她在亞運會奪冠做出了預言。果然，首次參加亞運會的她，在女子 400 公尺個人混合泳比賽中奪冠。那時，她 14 歲。

她手大腳大，有著與生俱來的絕妙水感，這也許正是她作為游泳選手的優勢所在。應該說，她是那種能在水裡飄起來的運動員。但天才也有一個蛻變的過程，上幼兒園的時候，她就被推薦到體校練習游泳，一年 365 天，除了泳池換水的幾天，她一天也沒缺席。

有一次，她的小腿不小心被劃破了一道傷口，縫了 9 針。但休息不到十天，她就迫不及待地回了學校。她的啟蒙教練說：「這個女孩從不吵鬧，你給她多少任務，她都會完成。」教練交代游 10,000 公尺，她只會游 12,000 公尺，絕不會游 9,900 公尺，絲毫不會偷懶。

斗轉星移,她的訓練更加刻苦,她也變得愛動腦子,愛思考,出現過的錯誤動作,糾正後很少再犯。她很好強,有一次,她週末回家,在飯桌上沉著臉,想著心事,突然間,她放下碗筷,跑到陽臺大喊道:「我一定要贏了你!」原來在前一天的隊內比賽中,她輸給了年紀比較大的隊友。加訓一個月後,她真的贏了回來。日復一日的磨礪,增強著她對游泳的信心,隨著時間的推移,她的體態愈顯健康苗條,游泳於她而言,已經成為一種享受。就這樣,資質天成、健康苗條、技能嫻熟的她,輕輕鬆鬆打破了世界紀錄,獲得奧運金牌。

天才經得起質疑,越質疑越驚奇。菲爾普斯(Michael Phelps II)在北京奧運史無前例地奪得 8 枚金牌,經歷了嚴格的禁藥檢測。事實證明,菲爾普斯的成功與藥物無關。博爾特(Usain Bolt)也在鳥巢一鳴驚人,當時就有不少專家、媒體紛紛驚呼:「博爾特的奇蹟是藥物的奇蹟。」檢測結果一出來,人們不得不相信,博爾特速度本就是上天的賜予。歷屆奧運,索普(Ian Thorpe)、路易斯(Carl Lewis)、強生(Benjamin ohnson)……一個個如雷貫耳的名字,一項項當時匪夷所思的成績,都在質疑被打破之後,烙入人們記憶深處。

她——葉詩文,也不例外,成功後的質疑,讓她成為奇蹟中的奇蹟,一塊灰塵蒙不住的金子,一個異乎尋常的發光體。

第八輯 別羨慕，一切都是有備而來

林志玲：把身段放軟

一位特級廚師教徒弟削鳳梨，刀法嫻熟，一眨眼的工夫就將幾個鳳梨削好了。徒弟在一旁看得目瞪口呆，半天才回過神來：「師父，你怎麼削得這麼快，又可以不傷及自己呢？」師父笑了笑，拍了拍徒兒的腰身說：「孩子，其實也沒什麼，削鳳梨的時候，想要不傷及自己，只要把身段放軟，身體千萬別僵著、硬著就行了。」其實，做人何嘗不是如此，放軟身段，低姿態做人，生命就會更有彈性，更有活力。

在演藝圈，林志玲就是這樣一個放軟身段，成就自己的典型。50歲的她，早已過了模特兒的黃金年齡，但演藝圈的種種界限和禁忌因她而打破。她不會唱歌，主持節目也不夠有特色，演戲也只是新人，唯一讓人眼睛一亮的是模特兒走秀，可是作為模特兒，她又年齡偏大，身材不夠高，但她能從頭到腳為20多個品牌代言，名正言順地取代林青霞、蕭薔等人，成為臺灣當之無愧的第一美女。她不用拍戲劇、作訪問、上綜藝節目，只要在光鮮場合換換衣服就是廣告女王，她的形象出現在眾多頻道，讓人百看不厭。她的美，美得恰到好處，多一分則膩，少一分則淡。有人說，她是21世紀的芭比娃娃，就算是驚鴻一瞥，也可以撕開一個正常男人的所有幻想。

她為什麼會這麼走紅？關鍵是她善於放軟身段。她這樣說過，《三國演義》出演的是男人的戲，小喬在其中，如水一樣柔

林志玲：把身段放軟

軟、溫柔，但水的力量同樣可以強大，它可以用它的柔軟融化一切。美麗之外，如水柔軟，這正是林志玲多年的成功哲學和生存法則。可以說，正是她的美和她為人處世的柔軟身段，使她具備了讓社會閉嘴的潛力。林志玲的造型師時家寧說：「她是我見過的，最會做人的女人。」在他看來，林志玲從不會讓自己的主觀喜好，抹殺別人的努力和心思。造型師準備的每一件衣服，她都一定會試穿，就算是最不喜歡的動物紋款式，也是如此。她從不把自己的壓力轉嫁到別人身上，總是設身處地讓身邊的人可以在輕鬆的氛圍裡工作。再比如說邀約，常常需要依賴經紀人負責拒絕邀約，並長袖善舞地與人保持一定的關係。但對林志玲來說，若有必須推掉的邀約，只要對方是認識的人，不管再忙、再累，她都會盡量親自撥電話給對方，或當面和對方說明。

她的柔軟，表現在生活的細枝末節中。有一次，林志玲代言的浪琴錶舉行招待會，浪琴錶副總希望可以請林志玲表演一段舞蹈，但經紀人認為不適合，怎麼也不同意。林志玲在旁聽到了這個要求，等到出場時，自己偷偷脫了鞋，光著腳上了臺，在原本只是要擺擺 pose 的段落中，跳了一段長長的舞蹈。讓副總驚訝的還不止於此，浪琴錶邀林志玲到國外宣傳，與當地 100 多位經銷商一起吃飯，一桌一桌的經銷商走到臺上，和她合照、握手。張正勳注意到，身高 174 公分又穿高跟鞋的林志玲，總是膝蓋微彎，蹲到和對方一樣的高度，眼神平視地和

第八輯　別羨慕，一切都是有備而來

對方握手。「她就那樣總共蹲了八十幾次，我從來看不到任何一個藝人這麼做！」因代言活動，經常與大明星互動的副總大聲驚嘆：「這就是她的身段，她的身段非常柔軟。」

林志玲正是這樣，把自己放在比平凡人更低的位置，懂得像水一樣隨遇而安，適時調整自己。她從不在意別人身前身後如何評判，做著自己認為值得做的事，走著自己認為值得走的路。正因如此，她一路走來，不但可以安身自在，還能在複雜的人際關係中與他人和諧相處。

為人處世，把身段放軟，可以讓生命富有彈性和活力；把身段放軟，不是委曲，不是求全，恰恰是以退為進，以退為進的人生，常常會如魚得水，遊刃有餘。

高圓圓：美麗生命的出口

在 2003 版電視連續劇《倚天屠龍記》中，峨眉派第四代掌門周芷若，有著「芷兮帝子遭人妒，若煙若霧若飛仙」之態。她雙目光彩明亮，眼波盈盈，秋波連慧，眼澄似水。樣貌清麗秀雅，美而脫俗，纖而不弱，雅而秀氣，遠觀近看都有一股神韻從骨子中沁出，真個是「清水出芙蓉，天然去雕飾」。她同時是一個內心激烈的女子，有多熱烈，就有多冷血，靜如冬蟬蟄伏，動則遍布殺機。

高圓圓：美麗生命的出口

飾演周芷若的演員名叫高圓圓。高圓圓淡雅脫俗、清靈可人的美麗，自周芷若的情態容貌可見一斑。

高圓圓的美麗與生俱來。青春妙齡的她因為美麗撩人，加上生性活潑，愛露風頭，一不小心就會遭受非議甚至敵意，有些人對她皺眉，還有一些人故意找她的碴，讓她難堪。她不能不敏感，不能不憂傷。她感覺自己就像是開在荊棘叢中的鮮花，總也躲不開糾結的芒刺。有一天，兄長下班後在院子裡彈吉他，唱著一首憂傷的歌，高圓圓聽著聽著便淚流滿面。

17歲那年，第一場冬雪後的清寒裡，高圓圓和幾個好友在街上閒逛，手上拿著羊肉串邊吃邊嬉笑。忽然一位女士走了過來，問她：「妳想拍冰淇淋廣告嗎？」就這樣，高圓圓在螢幕上看到了自己：粉圓的臉、明媚的五官、豔麗的笑靨如木槿花盛放……

冰淇淋廣告後，她得到了攝影組工作人員的一致欣賞、認可。攝影師說，很少有這樣的演員，任何表情、任何角度都美麗，換一個髮型都會帶給人改天換地的驚喜。隨後，她被介紹去電視試鏡，拍廣告的機會接踵而來。常常是這個廣告拍完了，導演就把她介紹給下一個導演，下一個拍完了，第三條廣告的導演在焦急地等待……

拍廣告，為她憂傷的青春找到了一個嶄新的出口。

不久，她開始了真正的演藝生涯。螢幕上，她的一舉一動、一顰一笑，都閃亮、明快、動人，像一顆被擦亮的星。她

說：「演戲，是一件很耗熱情的事，要全心全意地融入角色，愛也好，恨也罷，都能讓靈魂得以淨化。」

閒下來時，她總是透過一些活動來磨礪自己的意志。有一次，她參加登山隊，去西藏登雪山，其艱難是可想而知的。但她心中有個信念：如果這麼艱苦的過程能堅持到最後，一生之中還有什麼是走不過去的？就這樣，她咬牙爬上了山頂。站在雪山最高點，於藍天白雪間，剎那間，她對人生有了全新的認知，她覺得自己是出水的蓮，是靜穆的石雕，是天地間一葉美麗的存在。

當她上穿一抹繡著大朵大朵金花的黑色胸衣，下著黑色蓬蓬公主紗裙，足蹬一雙細高跟鞋，在坎城影展的紅地毯上笑容滿面、昂首闊步地走去的時候，我們看到，美麗而憂傷的生命，總會在恰當的時候找到最為合適的出口。

楊絳：關門與開窗

讀楊絳短文〈一百歲感言〉，愛不釋手。她說：「上蒼不會讓所有幸福集中到某個人身上，得到愛情未必擁有金錢；擁有金錢未必得到快樂；得到快樂未必擁有健康；擁有健康未必一切都會如願以償。保持知足常樂的心態才是淬鍊心智，淨化心靈的最佳途徑。人生最曼妙的風景，是內心的淡定與從容。」

> 楊絳：關門與開窗

置身於人生邊緣，楊絳女士短短的幾句話，道破了得與失的生命玄機。

關門，開窗，在日常生活中，這是再熟悉不過的動作。但是，這些熟悉動作裡蘊藏的玄機，不是每個人都悟得出來的。人生的得失，事業也好，愛情也罷，其實就寓於這些日常的簡單的動作之中。關門與開窗，左右著生活的進退，左右著心中的希望，左右著世事的輪迴。沒有人能預期世界每天會發生什麼，事物背後到底隱藏著什麼。人生很多時候，必須走過從門到窗的距離，這樣一段距離，也許超乎想像的艱難，但只要走過去了，你就可以見到藍天白雲下，潮落潮起的生機。

楊絳是個自由思想者，一生卻慣於忍讓，她關上了還擊之門，卻打開了另一扇窗戶，那就是內心的自由和平靜。她曾說：「你罵我，我一笑置之。你打我，我絕不還手。若你拿了刀子要殺我，我會說：『你我有什麼深仇大恨，要為我當殺人犯呢？我哪裡礙了你呢？』所以含忍是保護自己的盔甲，抵禦侵犯的盾牌。我穿了『隱身衣』，別人看不見我，我卻看得見別人，我甘心當個『零』，人家不把我當個東西，我正好可以把看不起我的人看個透。這樣，我就可以追求自由，張揚個性。所以我說，含忍和自由是辯證的統一。含忍是為了自由，要求自由得要學會含忍。」

人生在世，無非是認識自己，洗練自己。一個人，能否得到快樂，能否取得成功，關鍵在於知道什麼是自己想要的，知道

什麼是不可逆轉的，知道以什麼方式實現夢想，知道以什麼心情面對苦難。關門開窗之間，窗外風雲變幻，窗內四季分明，禪坐的心境，依然清新美麗。

樹上的葉子，葉葉不同。花開花落，草木枯榮，日日不同。塵世之間，幸福和完美都是相對的，身前身後，總少不了無法逃離的痛苦和殘缺。做人如此，為文何嘗不是如此？有生之年，打拚掙扎，總期盼得到他人的認可，只有到了生命的盡頭，才知道心靈文字構架的世界，永遠屬於自己，與世俗功利毫無關係。

巴金：活在文字的光芒裡

2005 年 10 月 17 日，跨越一個世紀之久的「民族的良心」巴金，安詳地合上了眼睛。但他沒有離開，他活在文字的光芒裡，活在讀者的記憶中。他不僅留下底蘊深厚的文學富礦──《滅亡》、《激流三部曲》、《愛情三部曲》、《寒夜》、《隨想錄》等文學作品，還留下了他全部的感情和愛憎。

巴金一直認為，自己是個不善講話的人，唯其不善於講話，有思想表達不出，有感情無法傾吐，才不得不求助於紙筆，讓心上燃燒的火噴出來，於是寫了小說。他出生在大家庭裡，童年時代在富裕的環境裡度過，接觸了侍從、轎夫們的悲慘生活，在偽善、自私的長輩們的壓力下，聽到年輕生命的痛苦呻吟。緣於這一點，他一直想找尋一條救人、救世，也救自

己的路。23歲,他從上海跑到了巴黎。在巴黎,他同樣看到了「壓迫和不平等」,特別是讀了援救義大利工人運動,卻被關在死囚牢中的「犯人」樊宰底(B. Vanzetti)的自傳,一段「我希望每個家庭都有住宅,每個人都有麵包,每個心靈都受到教育,每個人的智慧都有機會發展」這樣的文字後,所有過去和現有的愛和恨、悲哀和歡樂、受苦和同情、希望和掙扎,一併湧到筆端,化作一行行字留在紙上。就這樣,在痛苦和寂寞中,他懷著「燃燒的火」完成了小說處女作《滅亡》。

這以後,他一邊以盧梭(Jean-Jacques Rousseau)、雨果、左拉(Émile Zola)、羅曼・羅蘭(Romain Rolland)等名家為師,研讀他們的作品,一邊不間斷地創作。因為有著厚實的生活累積,他的作品一部接一部問世。他這樣描述自己——「每天每夜,熱情在我的身體內燃燒,好像一根鞭子在抽我的心,眼前是無數慘痛的畫面,大多數人的受苦和我自己的受苦,它們使我的手顫動。我不停地寫著⋯⋯忘了自己,忘了周圍的一切。我變成了一架寫作的機器。我時而蹲在椅子上,時而把頭俯在方桌上,或者又站起來走到沙發前面坐下激動地寫字。我就這樣地寫完我的長篇小說《家》和其他的中篇小說。」

因為他害怕交際,不善講話,不願和外人接洽,編輯索稿總是找他的朋友。常常是他熬夜將稿件寫好後,放在書桌上,朋友第二天上班替他把稿子帶去。在戰爭時期,他不得不四處奔波,寫作方式也隨之發生了變化:常常是在皮包裡放一錠墨,

第八輯　別羨慕，一切都是有備而來

一支小字筆和一大沓信箋，到了一個地方，借一個小碟子，倒點水，把墨在碟子上磨幾下，便坐下來寫，走一程寫一段。恰似俄羅斯作家果戈理（Nikolai Gogol）在小旅店裡寫作《死魂靈》的情景。

巴金是個醉心文字的人，更是個感情深重的人。「弱水三千，只取一瓢飲」在巴金身上得到了詮釋和印證。1936 年，32 歲的巴金收到時年 18 歲的蕭珊寫來的信件，蕭珊是巴金作品忠實的讀者，因為長時間感受他筆下的文字，所以她在信中毫無顧忌、直截了當地表達了對他的傾慕。八年戀愛之後，蕭珊成為巴金生命中唯一的愛侶，在長達 28 年共同的生活裡相親相愛。她總是對他說：「不要難過，我不會離開你，我在你身邊。」1972 年，蕭珊去世，她的骨灰一直放在巴金的臥室裡。在〈回憶蕭珊〉這篇文章中，巴金多次提到蕭珊的眼睛「很大，很美，很亮」。他寫道：「我望著，望著，好像在望快要燃盡的燭火。我多麼想讓這對眼睛永遠亮下去。」每次有人來訪，看到骨灰，巴金就會說：「她是我的生命的一部分，她的骨灰裡有我的淚和血」、「這並不是蕭珊最後的歸宿，在我死了以後，將我們的骨灰和在一起，那才是她的歸宿。」

巴金一生為讀者而寫，為文字而活。他曾說：「我只想把自己的全部感情、全部愛憎消耗乾淨，然後問心無愧地離開人世，這對我是莫大的幸福。」作為一代文學巨匠，他正是這樣燃盡一生，置身於文字的光芒裡，如花綻放，無悔無怨。巴金的

人生始終被熱情和痛苦煎熬著，有人評說他是一個在雲與火的景象下，走著的一個真實的人。他的莫逆之交冰心先生曾說：「他在痛苦時才是快樂的。」為紀念巴金，一位作家這樣寫道：「您隕落的時候／家沒有隕落／春與秋，也沒有隕落／您把它們留在了這個世界上／讓季節擁有居所／讓心靈擁有歲月／您隕落了，光芒四射／文學的山谷／同時濺起太陽和月亮／也濺起無數星星／一齊眨動眼睛／思考您留下的這個／尚未開墾完畢的世界。」

徐悲鴻：執著求精終成畫

以畫馬著稱的徐悲鴻先生滯留法國的時候，一位將軍在一次盛大的宴會上請他作畫。他當眾揮毫，以淋漓酣暢的墨意、收放自如的筆法，片刻工夫，便畫出一幅形神兼備、鐵骨錚錚的奔馬圖。將軍豎起大拇指，連聲稱妙。旁觀者沒一個不驚嘆的。

悲鴻先生不獨畫馬筆法絕妙，他筆下的人物畫也獨樹一幟。1915年，在上海讀書的徐悲鴻得知地產大亨猶太人哈同（Silas Hardoon）創辦了倉聖明智大學，公開徵求傳說中造字先師倉頡的畫像，便應徵了一幅。創作倉頡像的時候，徐悲鴻十分認真，他查閱資料，勾勒草圖，花了三天三夜的工夫。倉頡像送到哈同府上的時候，哈同夫婦及在座的社會名流無不稱好。畫像被懸掛在哈同花園廳堂裡。事後，哈同夫婦設答謝宴，陪同

赴宴的徐悲鴻的好友黃警頑看了倉頡畫像後,感慨地說:「你真行,竟能想像出如此構造的四隻眼睛。」悲鴻朗聲一笑:「倉頡像是我一點一滴考證出來的,倉頡有四目,在王充所著《論衡》中有清清楚楚的記載,哈同那樣的人,只會附庸風雅,哪裡懂什麼藝術,這次應徵,我是逢場作戲,但作畫我是一點也不含糊的。」

悲鴻先生痴心虔誠,愛畫如命。1939年的一天,他畫出了大型油畫〈愚公移山〉,可是他面對這幅油畫,覺得很不滿意,一氣之下捲起扔進了火爐。經過反覆權衡考慮,徐悲鴻改畫國畫,完成了不朽之作〈愚公移山〉。印度國際大學校長泰戈爾(Rabindranath Tagore)看了這幅畫,感動得雙眼溼潤,為畫面表達的蘊含,也為徐悲鴻對待藝術精益求精的態度。

從〈倉頡像〉到〈愚公移山〉,其間相隔了二十四年,徐悲鴻先生對藝術的執著虔誠之心沒有絲毫改變,每作一幅畫,必是有血有肉,有肝有膽,有意境有蘊含,有繼承有創新。正因為這樣,才造就了一位世界級的藝術大師。

宋美齡:那一抹容顏

美麗對於女人是至關重要的,上天賦予她靚麗的姿容,這是她作為女人引人注目的地方。在自然的美麗之外,歷史在她

的身體裡沉積著一種滄桑之美。她的婚姻固然籠罩在政治陰雲中，但她的一生依然是不可抹殺的一種美麗。

早在美國讀書期間，她就倍受老師和同學的欣賞。她身材豐滿，體態輕盈，一條梳得一絲不苟的長辮垂在身後，將她襯托得風姿綽約、楚楚動人，加之舉止文雅，熱情大方，宛如一朵夏日裡盛開的紅蓮，飽滿、熱烈，深深吸引著同學和老師的目光。美國麻薩諸塞州威爾斯利女子大學的一位教員對她做過一份保密的評價，一直收藏在該校的檔案室中。她寫道：「她是受人傾慕的，不僅僅因為她和她的兩個姐姐一樣漂亮，而是因為她有熱情，待人真誠。」

長期生活在美國的她不忘傳統風俗。每當和姐妹們一起時，她就換上旗袍。那時，美國人視抹胭脂塗口紅為傷風敗俗，她則沒有這種偏見。有一天，她化了妝，還塗了口紅，有人注意到她臉上的變化，便驚訝地叫道：「親愛的，我想妳臉上化了妝吧？」她不以為然地回答：「擦粉！沒什麼奇怪的！」她的伶牙俐齒，往往讓她輕鬆自如地擺脫困境。回中國後，她打破青年女子只能身著筒式上衣的慣例，經常滿不在乎地穿著一身剪裁時髦的女式騎裝，戴一頂秀雅的寬簷女帽。這種標新立異的做法，頗受時髦女郎崇尚。

1937年初春，她計劃短時期內把空軍改造成像樣的軍種，便寫了一封信給美國資深飛行員陳納德（Claire Chennault），問他是否願意擔任空軍顧問。6月初，陳納德抵達上海。一個炎熱

第八輯　別羨慕，一切都是有備而來

的下午，霍布魯克帶陳納德去見她和澳洲籍政治顧問端納（William Donald）。當天晚上，陳在日記上寫下他對她的印象：「她將永遠是我的公主。」在陳納德的努力下，很短時間就培養出一批具有一流素養的飛行員。

她是個十足的女中能人，本質上又是一名學者。她曾說幸福就是終生能夠閱讀、學習和寫作。她的東方氣質和西方談吐為男性政治帶來了引人入勝的遐想。1943年，46歲的她在美國國會用流利的英文發表演說，使國會議員為之動容，她的手勢、她的聲音以及她眼中所閃爍的光芒，使眾議員如醉如痴，獲得了滿堂喝采和經久不息的掌聲，成為民眾永久記憶中的一部分。邱吉爾（Winston Churchill）在回憶錄中說：「她是一個非常特殊極有魅力的人」。

她一生極其珍視美麗。從年輕到老時，每天都花許多時間「對鏡貼花黃」。每次在公開場合出現，她都不假他人之手認真地化妝，直到滿意為止。她有著愛美女人的怕老心態。經常命人為她拔掉新增的白髮。雖然美貌日復一日似水漂流，但她那顆愛美的心卻一直在心底躍動。她喜好跳舞，熱衷音樂，尤愛世界著名小提琴演奏曲。同時具有繪畫天賦，可以在眾目睽睽之下從容作畫。

她叫宋美齡，她非同尋常的一生，聚集著美麗、富有、學識和權勢。在政治舞臺的20年間，既具傾國傾城、美麗高傲的格調，又有深入民間、關心民眾疾苦的時候；既留下了耍政治

手腕、玩弄權術的陰影，又散發著崇尚美德、傾心美麗、孜孜以求、始終不渝的人生光亮。

舒伯特：譜在帳單背面的名曲

大音樂家舒伯特（西元1797年～1828年），一生窮困潦倒，只活了31歲。但他留給後人的音樂財富，價值卻難以估量，光是藝術歌曲就有600多首。時至今日，人們仍在傳唱他的〈魔王〉、〈牧童的哀歌〉、〈迷娘之歌〉、〈菩提樹〉、〈小夜曲〉、〈野玫瑰〉、〈搖籃曲〉等。因為他的歌曲形象鮮明，具有天使般優美純潔的旋律，情真意切，所以在歐洲音樂史上，他被尊為「歌曲之王」。

舒伯特脾氣溫順，赤子般的純真笑容永遠掛在臉上。他人緣極好，身邊總圍繞著一群關心他的貧寒之交。這些朋友有的在他困頓時接濟他，有的用詩歌帶給他創作的靈感，有的在他生前身後盡心竭力推舉他的音樂。雖然他的作品眾多，但沒有可以支撐正常生活的經濟來源。有一個時期，他在朋友的引薦下，在貴族家中當起了家庭教師。但他從骨子裡喜歡隨興的生活，對社會地位、貴族生活全然沒有興趣。只要手頭有錢，便呼朋喚友到咖啡店小坐，錢花光了再由朋友接濟他。

對於文學，尤其是詩歌，舒伯特有一種天生的親近傾向，他會用同一首詩作譜，寫不同曲調的曲子，比如歌德（Johann

第八輯　別羨慕，一切都是有備而來

Goethe）和席勒（Johann Schiller）的作品他就常常反覆譜曲。他總能在音樂與文字間找到種種和諧，得心應手地表達所想表達的情感。

這種隨心隨意、與世無爭的生活，常常將他推至潦倒的境地。為了生存，他甚至有過將樂曲譜寫在帳單背面的經歷。一天晚上，他徘徊在維也納街頭，飢腸轆轆，口袋裡卻一分錢也沒有。因為肚子問題，他本能地走進了一家餐廳，可是他身無分文，怎麼能點菜吃飯呢？這樣的時候，他希望有朋友熟人進來，幫他解困。但左顧右盼，始終沒有見到一張熟悉的面孔。正在失望之際，餐桌報紙上一首小詩躍入他的眼簾，作曲家的本能立即把他的思緒轉到詩歌的意境之中。他浮想聯翩，樂思綿綿，立即將它譜成歌曲並寫了出來。他把這首歌拿給餐廳老闆看。老闆從他的衣著、臉色中悟出了他的意思，便用一份馬鈴薯牛肉，換了他的這首歌曲。多年之後，這張譜有歌曲的帳單被送到巴黎拍賣，以四萬法郎起價。這首歌曲就是著名的〈搖籃曲〉。

〈搖籃曲〉舒緩、親切、深情的旋律，滲透到了世界上多少母親的心啊，它輕輕地催著嬰兒入睡，讓孩子擁抱著母愛的溫暖進入夢鄉，讓他們在親情友好的氛圍中，做著天使般智慧美麗的夢。〈搖籃曲〉是無價之寶，是無法用價格去衡量的。可惜，處境艱難的作曲家，竟然餓著肚子，向人類展示他卓越的天才。人們常說「窮而後工」，對於藝術家來說，人生的困厄恰恰是他們上進的階梯。

舒伯特：譜在帳單背面的名曲

國家圖書館出版品預行編目資料

要努力，但不要急功近利：努力帶來機會，機會扭轉命運！專注於真正重要的事情，讓每個選擇都為未來鋪路 / 周禮 主編；彭忠富，沈岳明，程應峰 編著 . -- 第一版 . -- 臺北市：財經錢線文化事業有限公司 , 2025.03
面 ； 公分
POD 版
ISBN 978-626-408-187-0(平裝)
1.CST: 成功法
177.2　　114002147

要努力，但不要急功近利：努力帶來機會，機會扭轉命運！專注於真正重要的事情，讓每個選擇都為未來鋪路

主　　編：周禮
編　　著：彭忠富，沈岳明，程應峰
責任編輯：高惠娟
發 行 人：黃振庭
出 版 者：財經錢線文化事業有限公司
發 行 者：崧燁文化事業有限公司
E - m a i l：sonbookservice@gmail.com
粉 絲 頁：https://www.facebook.com/sonbookss/
網　　址：https://sonbook.net/
地　　址：台北市中正區重慶南路一段 61 號 8 樓
8F., No.61, Sec. 1, Chongqing S. Rd., Zhongzheng Dist., Taipei City 100, Taiwan
電　　話：(02) 2370-3310　　傳　　真：(02) 2388-1990
印　　刷：京峯數位服務有限公司
律師顧問：廣華律師事務所 張珮琦律師

-版權聲明

本書版權為樂律文化所有授權財經錢線文化事業有限公司獨家發行電子書及紙本書。
若有其他相關權利及授權需求請與本公司聯繫。
未經書面許可，不得複製、發行。

定　　價：299 元
發行日期：2025 年 03 月第一版
◎本書以 POD 印製